속담 한 상 푸짐하네!

일러두기

1. 맞춤법과 띄어쓰기는 국립국어원 표준국어대사전의 표기 기준을 따랐습니다. 단, 음식명의 띄어쓰기는 허용 기준을 따랐습니다.
2. 책에 수록한 속담은 국립국어원 표준국어대사전의 표기 기준을 따랐습니다.

속담 한 상 푸짐하네!

초판 1쇄 발행 2015년 2월 23일
초판 4쇄 발행 2016년 6월 1일

글 박정아
그림 이덕화

펴낸곳 도서출판 개암나무(주)
펴낸이 김보경
마케팅 총괄 김수현
편집장 박진영 편집 김인혜 박선영 디자인 박주현 한지혜
출판등록 2006년 6월 16일 제22-2944호

주소 서울특별시 마포구 만리재로 83, 12층(공덕동, 나경빌딩) (우)04208
전화 (02)6254-0601, 6207-0603 팩스 (02)6254-0602 E-mail gaeam@gaeamnamu.co.kr
개암나무 블로그 http://blog.naver.com/gaeamnamu 개암나무 카페 http://cafe.naver.com/gaeam

ISBN 978-89-6830-143-8 73710

이 도서의 국립중앙도서관 출판시도서목록(CIP)은 서지정보유통지원시스템 홈페이지(http://seoji.nl.go.kr)와
국가자료공동목록시스템(http://www.nl.go.kr/kolisnet)에서 이용하실 수 있습니다.
(CIP제어번호: CIP2015000361)

밥 · 떡 · 반찬 · 죽 · 국 · 과일 · 채소까지 **우리 음식**에서 찾은 맛있는 **속담**

속담 한 상 푸짐하네!

박정아 글
이덕화 그림

호박이 넝쿨째로 굴러떨어졌다
부뚜막의 소금도 집어넣어야 짜다
누워서 떡 먹기
어물전 망신은 꼴뚜기가 시킨다
장 없는 놈이 국 즐긴다
돌멩이 갖다 놓고 닭알 되기를 바란다
밥이 약보다 낫다

개암나무

음식 속담에 담긴 조상들의 재치와 지혜를 배워 보세요!

어느 수학 시간이었어요. 교과서에 있는 문제를 칠판에 잘못 옮겨 적고는 아이들에게 답을 물었지요. 그랬더니 당연하게도 아이들이 말하는 답과 제가 푼 답이 달랐어요. 문제를 잘못 썼다고는 꿈에도 생각지 못했기에, 다시 차근차근 설명하고 답을 물어보았어요. 그러자 이번에는 숫제 대답이 없는 거예요. 결국 한 아이가 칠판에 쓴 문제와 교과서에 나온 문제가 다르다고 말해 주었어요. 그때의 당황스러움이란……. 애초에 문제를 잘못 써 놓고 아이들을 탓한 것 같아 괜히 미안한 마음이 들었답니다.

때마침 국어 시간에 속담에 대해 가르쳤던 게 생각나서 아이들에게 지금 선생님의 상황을 속담으로 표현해 보자고 돌발 퀴즈를 냈어요. 그러자 한 아이가 기다렸다는 듯이 "원숭이도 나무에서 떨어진다"고 큰 소리로 말했지요. 이어서 다른 아이들도 "돌다리도 두드려 보고 건너라", "하

늘이 무너져도 솟아날 구멍은 있다" 등 제법 상황에 어울리는 속담을 척척 말하는 게 아니겠어요? 웃어야 할지 울어야 할지……. 아마 그때처럼 '속담'이 가슴 깊이 다가온 적은 없었을 거예요.

여러분은 어때요? 저처럼 '속담'과 얽혀 떠오르는 특별한 경험이 있나요? 속담을 사전에서 찾아보면 '오랜 세월을 거치면서 삶에서 얻은 경험과 교훈, 어떤 가치에 대한 견해를 간결하게 형상화시켜 표현한 말'이라고 나와요. 사람들이 살아가면서 느끼고 깨달은 바를 생활과 자연 속 사물이나 동식물, 음식 등을 빌어 간단하면서도 재치 있게 표현했다는 뜻이지요.

그런데 이러한 속담을 자세히 들여다보면 음식에 관한 속담이 꽤 많은 것을 알 수 있어요. 음식이 우리의 생명과 직결되고, 생활에서 아주 큰 비중을 차지하다 보니 그에 따른 속담이 많은 건 자연스러운 일일 거

예요. 그리고 음식에 관한 속담을 살펴보면 당시의 사회상이나 생활 모습도 그려 볼 수 있답니다.

과거에 고기는 귀한 음식이었어요. 그래서인지 음식에 관한 속담이 많은데도 불구하고 고기가 들어가는 속담은 의외로 많지 않아요. 반대로 우리 식생활에서 가장 중요한 밥과 죽에 관한 속담은 아주 많답니다. 떡도 마찬가지고요. 떡은 지금도 그렇지만 명절, 돌맞이, 관혼상제 같은 잔치나 행사에 빠지지 않는 음식이어서 떡에 관한 속담에는 관련된 내용이 종종 나타나요.

속담은 예부터 전해 내려오는 지혜의 정수로 여겨져 여러 교과에도 많이 응용되고 있어요. 그러다 보니 요즘에는 속담을 영어 단어처럼 외우려는 학생들도 있지요. 하지만 속담은 유래나 속담이 쓰인 실제 사례를 통해 자연스럽게 익히는 것이 좋아요. 그래야 머릿속에도 오래 남거든요.

저는 이 책에 실은 속담들을 옛이야기나 이솝 우화 또는 생활 속에서

겪을 법한 상황에 빗대어 소개했어요. 여기에 순우리말로 된 음식의 이름과 관련 정보, 비슷한 속담과 같은 낱말이 들어간 속담 등 도움이 되는 읽을거리를 찾아 정리했지요.

여러분이 이 책을 읽으면서 우리 속담에 대해 흥미를 갖고 그 속에 담긴 교훈까지 찾아보면 좋겠어요. 더불어 우리가 매일 먹는 음식에 대해서도 관심을 갖고 밥 한 톨, 콩 한 쪽도 소중히 여길 줄 아는 지혜로운 어린이가 되었으면 해요.

박정아

차례

밥에 관련된 속담

떡에 관련된 속담

반찬에 관련된 속담

죽과 국에 관련된 속담

과일과 채소에 관련된 속담

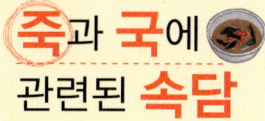

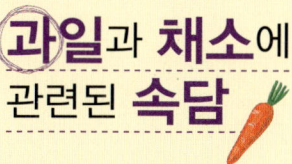

밥에 관련된 속담

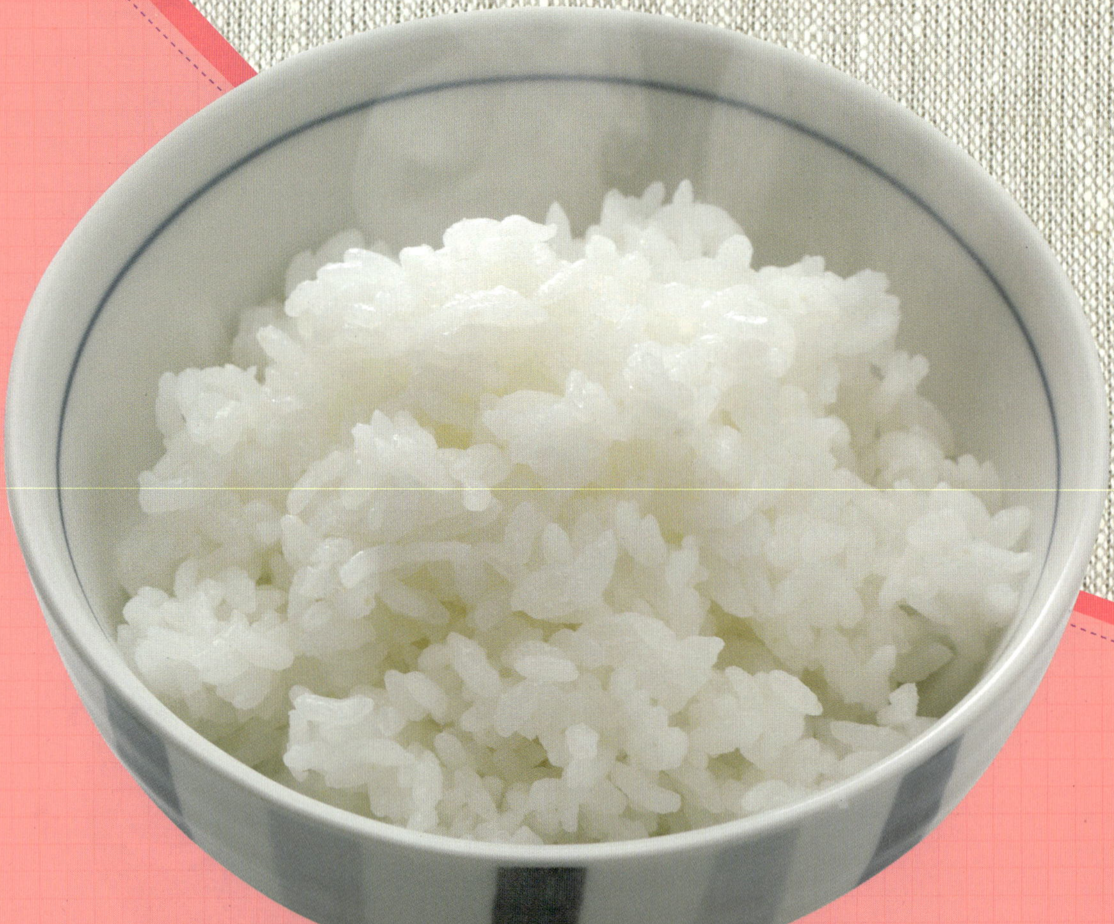

밥이 약보다 낫다

가을 식은 밥이 봄 양식이다

급히 먹는 밥이 목이 멘다

다 된 밥에 재 뿌리기

밥 먹을 때는 개도 안 때린다

찬밥 더운밥 가리다

밥인지 죽인지는 솥뚜껑을 열어 보아야 안다

밥이 약보다 낫다

아무리 약이 몸에 좋아도 건강에는 밥을 잘 먹는 것이 기본이라는 말.

가끔 어른들이 맛있게 식사를 한 후에 "밥이 보약이네!"라고 하거나, 제때 밥을 챙겨 먹지 않고 라면이나 피자 등 패스트푸드를 즐겨 먹는 아이들에게 "**밥이 약보다 낫다**고 했다. 그런 거 말고 밥을 두둑이 챙겨 먹어라."라고 하는 것을 들어 본 적이 있을 거예요.

약이 무엇인지는 다 알고 있지요? 상처나 병을 고치기 위해 먹거나 바르는 거예요. 따라서 '**밥이 약보다 낫**

다'는 말은 밥이 상처나 병을 낫게 하는 약보다 우리 몸에 더 이롭다는 뜻이지요. 끼니를 잘 해결하는 것 자체가 건강을 유지하는 첫 번째 방법이라는 의미이기도 하고요.

밥은 우리나라 음식 중에서 가장 기본이 되는 주식입니다. 요즘에는 빵과 면 등 다양한 음식을 먹기도 하지만, 그래도 한국 사람에게는 역시 밥이 가장 보편적인 음식이라고 할 수 있어요. 갖가지 반찬을 곁들인 푸짐한 식사에도, 반찬이 없을 때 물에 말거나, 간장·고추장에 비벼 뚝딱 먹어 치우는 간단한 식사에도 빠뜨릴 수 없는 것이 바로 밥이지요.

사실 밥을 특별히 여기는 풍습은 우리 생활과 문화 속에 다양하게 자리해 있어요. 돌을 맞은 아기에게 밥그릇과 수저 한 벌을 선물로 주고 무병장수•를 기원한다든지, 사람이 죽었을 때 '밥숟가락을 놓았다'고 말하며 밥을 생명과 연결시켜 표현하는 것 등이 있지요.

게다가 예전에는 어른 아이 할 것 없이 상대방에게 인사할 때 '진지 잡수셨습니까?'라고 하였습니다. 음식이 귀한 탓도 있지만 끼니를 거르지 않고 밥을 제때 챙겨 먹는 것이 곧 건강하게 잘 지낸다는 의미이기에 이런 말로 안부를 물었던 것이지요.

'**밥이 약보다 낫다**'라는 말에서 '밥'은 넓게 보면 밥을 포함한 '식사'를

무병장수 병에 걸리지 않고 건강하게 오래 삶.

뜻합니다. '끼니'의 의미이지요. 우리는 주로 아침, 점심, 저녁 세 끼를 먹습니다. 그런데 요즘 살이 찔까 봐 세 끼는커녕 한 끼도 제대로 먹지 않고 굶기를 밥 먹듯이 하는 사람들이 있지요. 마른 체형이 미의 기준이 되다 보니 생겨난 웃지 못할 현상입니다. 밥을 굶으면 잠깐은 체중이 줄겠지만 배가 고플 때 폭식을 하게 되어 탈이 나거나 영양 불균형

으로 오히려 건강을 해치게 돼요. 제때에 밥을 잘 챙겨 먹는 것이 건강하게 사는 길임을 꼭 기억하세요.

영양가 챙기기

최근 한 연구 결과에 따르면 아침밥을 먹는 학생이 그렇지 않은 학생보다 성적이 더 좋다고 합니다. 아침밥을 먹으면 뇌의 활동이 왕성해지기 때문이지요.

따지고 보면 아침밥을 먹는 것은 부지런함을 뜻하기도 합니다. 일찍 일어나야 밥 먹을 여유도 생길 테니까요. 부지런하면 무엇이든 열심히 할 것이고, 열심히 노력하니 잘할 가능성이 높아지는 것은 당연한 일입니다. '일찍 일어나는 새가 벌레를 잡는다'는 말이 있지요? 일찍 일어나서 여유 있게 하루를 시작하고 아침밥과 건강을 함께 챙기는 부지런한 사람이 됩시다.

뜻이 비슷한 속담

밥 한 알이 귀신 열을 쫓는다

귀신이 붙은 듯이 몸이 쇠약해졌을 때라도 밥을 잘 챙겨 먹는 것이 건강을 회복하는 지름길이라는 뜻입니다.

밥이 지팡막대라

나이 든 사람에게는 밥을 잘 먹는 것이, 의지하고 다니는 지팡이보다 낫다는 말입니다.

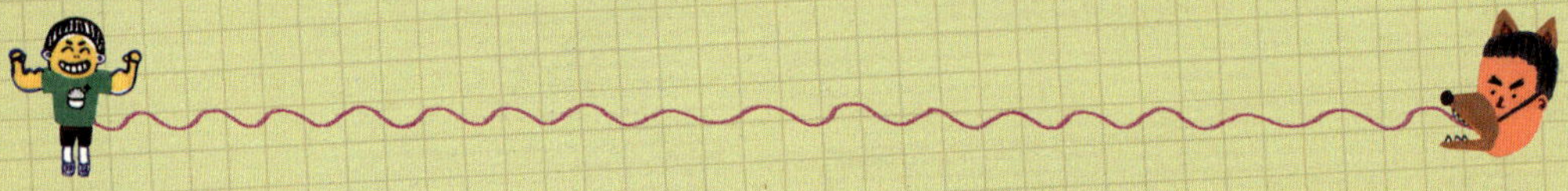

같은 낱말이 들어간 속담

입에 쓴 약이 병에는 좋다

약이 먹기에는 쓰지만 먹으면 병을 고칠 수 있어 좋듯이 자기에 대한 충고나 비판이 당장에는 듣기 싫지만 그것을 달게 받아들이면 자신을 갈고닦는 데 이롭다는 말입니다.

개똥도 약에 쓰려면 없다

평소에 흔하던 것도 막상 쓰려고 구하면 없다는 뜻입니다.

가을 식은 밥이 봄 양식이다

곡식이 흔한 가을에 모아 둔 밥이 곡식이 부족한 봄에 귀중한 양식이 된다는 말.

옛날에 개미와 베짱이가 살았습니다. 개미는 언제나 그렇듯 열심히 일을 했어요. 봄이 지나고 무더운 여름이 와도 서로 힘을 합해 일했지요. 그런데 개미와 달리 베짱이는 시원한 나무 그늘에서 노래를 부르거나 악기를 연주하며 편하게 쉬었습니다.

하루는 땀을 뻘뻘 흘리며 일을 하는 개미에게 베짱이가 물었어요.

"얘들아, 너희는 덥지도 않니? 왜 그렇게 땀을 뻘뻘 흘리면서 힘들게 일을 해?"

"우리도 당연히 덥지. 그렇지만 먹을 것이 많은 지금, 미리미리 양식을 모아 두어야 추운 겨울이 와도 걱정이 없다고."

개미들이 입을 모아 대답하였습니다.

"추운 겨울? 겨울이 오려면 아직 멀었어. 추위는 그때 가서 생각하면 되지."

베짱이가 콧방귀를 뀌며 말하였습니다.

"베짱이야, 지금 당장만 생각하면 안 돼. 겨울이 오면 먹을 것을 구하기가 얼마나 힘든데! 너도 놀지만 말고 미리미리 양식을 모아 두는 게 좋을 거야."

개미들은 베짱이가 걱정스러워 충고를 했지만, 베짱이는 먹을 것이 넘쳐나는 지금만 생각하며 전혀 들으려 하지 않았습니다.

"싫어. 난 이렇게 덥고 힘들 때에는 일하고 싶지 않아. 더군다나 음식이란 건 맛있고 싱싱할 때 먹어야 맛있지 오래되면 맛이 없어진다고. 지금 열심히 모아 봤자 나중에 맛없어지면 어차피 먹지도 못할걸."

여전히 놀면서 맛난 것만 먹으려는 베짱이를 보며 개미들은 한심하다고 생각했지만 더는 해 줄 말이 없었어요. 개미들은 베짱이의 말에 흔들리지 않고 묵묵히 할 일만 계속했지요.

'가을 식은 밥이 봄 양식이라고 했는데…….'

먹을 것이 풍족할 때는 맛이며 모양이며 이것저것 따지고 음식 귀한 줄 모르겠지만, 추운 겨울이 되어 먹을 것이 없어지면 거들떠보지 않던 음식도 감지덕지• 하며 먹게 될 텐데, 베짱이는 왜 그걸 모르는 걸까? 개미들은 베짱이의 행동을 이해할 수 없었습니다.

감지덕지 분에 넘치는 듯싶어 매우 고맙게 여기는 모양.

영양가 챙기기

'가을 식은 밥이 봄 양식이다'라는 속담은 먹을 것이 풍족한 가을에는 먹지 않아 결국 식어 버린 밥도 봄에는 귀중한 양식이 된다는 뜻입니다. 풍족할 때 함부로 낭비하지 않고 절약하면 나중에 부족할 때 대비할 수 있음을 비유하는 말이지요.

요즘은 저장과 재배 기술이 뛰어나 일 년 사계절 먹을 것이 풍부하지만 예전에는 5~6월 즈음 '춘궁기'라는 시기가 있었습니다. 가을에 수확한 양식은 바닥나고 햇보리는 미처 여물지 않아 배를 곯는 때였지요. 그때는 당연히 식은 밥이라도 감사히 먹었겠지요?

'마른 수건도 다시 짠다'는 말이 있습니다. 말라 있는 수건을 쥐어짜서 물이 나오게 하려면 얼마나 힘들까요? 하지만 그만큼 절약하고 아끼면 분명 언젠가는 요긴하게 쓸 수 있을 거예요.

뜻이 비슷한 속담

있을 때 아껴야지 없으면 아낄 것도 없다

경제적으로 넉넉하다고 낭비해서는 안 된다는 뜻으로, 없을 때를 생각하여 재물이나 시간이 여유가 있을 때 아끼고 모아 두어야 한다는 말입니다.

강물도 쓰면 준다

한없이 많아 보이는 강물도 자꾸 쓰면 준다는 뜻으로 아무리 많은 재산도 함부로 쓰면 줄어드니 있을 때 아껴 써야 한다는 말입니다.

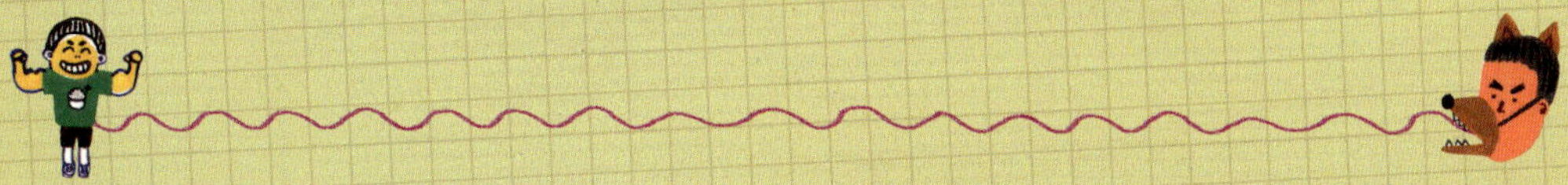

같은 낱말이 들어간 속담

남의 더운밥이 내 식은 밥만 못하다

아무리 좋은 것도 내 것이 아니면 소용없고 비록 좋지 않은 것이라도 내가 가진 것이 더 낫다는 말입니다.

더운밥 먹고 식은 소리 한다

따뜻한 밥을 잘 먹어 놓고 실없는 소리만 한다는 말로 쓸데없이 싱거운 소리를 하는 경우에 쓰는 말입니다.

급히 먹는 밥이 목이 멘다

너무 급히 서두르면 실패하게 된다는 말.

아침에 눈을 뜬 정현이는 시계가 8시 10분을 가리킨 것을 보고 화들짝 놀라 일어났습니다.

"이런, 늦잠을 잤네!"

정현이는 후다닥 일어나서 부리나케 세수를 하고 옷을 입었습니다. 워낙 늦게 일어난 탓에 엄마가 차려 준 아침밥을 먹을 시간이 없었어요.

그래도 밥을 먹고 가라는 엄마의 말에 먹으면 지각할 거라고 통명스럽게 대

꾸했는데, 하필이면 오늘따라 정현이가 제일 좋아하는 미역국이 밥상에 놓였습니다.

'어떡하지? 조금만 먹고 갈까?'

허겁지겁 밥을 서너 숟가락 뜨고, 국은 목구멍에 쏟아붓듯이 마시고는 총알같이 집을 나왔습니다. 정현이는 지각하고 싶지 않아서 온 힘을 다해 뛰었습니다. 음식을 제대로 씹지도 않고 꿀꺽꿀꺽 삼키며 학교로

향했지요. 한 번도 쉬지 않고 달려서인지 용케 지각은 하지 않았지만 말을 할 수 없을 만큼 숨이 차고 무엇보다 먹은 게 얹혔는지 속이 매우 불편했습니다.

드디어 3교시, 정현이가 좋아하는 미술 시간이 되었습니다. 정현이와 반 친구들은 각자 가지고 온 준비물로 움직이는 놀잇감을 만들었어요. 짝꿍인 동민이는 자기가 제일 멋진 자동차를 만들 거라면서 서둘렀습니다.

정현이도 챙겨 온 준비물로 빨리 비행기를 만들고 싶었지만 속이 더부룩하고 식은땀까지 나서 영 속도를 낼 수가 없었어요. 아무래도 아침에 허겁지겁 먹은 밥이 체한 듯했지요.

"다 만들었다. 내가 일등이다!"

30분도 채 지나지 않았는데 옆에서 동민이가 제일 먼저 만들었다며 큰 소리로 자랑을 했습니다. 그러나 동민이가 만든 자동차는 굴러가지 않았어요. 바퀴가 수평이 안 맞고, 건전지도 연결이 제대로 안 되었기 때문이지요. 스위치를 여러 번 껐다 켜 보았지만 아무런 반응이 없었습니다.

그 모습을 본 선생님께서는 동민이에게 '급히 먹는 밥이 목이 메는 법'이라며 빨리 만드는 것보다 차분하고 꼼꼼하게 만들어서 자동차가

움직이도록 하는 게 더 중요하다고 말씀하셨습니다.

서둘러 먹은 밥 때문에 급체한 정현이와 서둘러 만들다가 실패한 동민이! 누가 짝꿍 아니랄까 봐 오늘 두 친구의 모습은 '**급히 먹는 밥이 목이 멘다**'는 속담에 딱 들어맞았답니다.

영양가 챙기기

여러분은 어떤가요? 정현이처럼 음식을 급히 먹어 체하거나, 동민이처럼 서둘러 무엇인가를 만들다가 망친 적이 있나요? 밥만 급히 먹는다고 체하는 것이 아닙니다. 어떤 행동을 할 때도 그렇지만 말을 할 때도 생각하지 않고 성급하게 내뱉다 보면 쓸데없는 말을 하게 되거나 후회할 상황이 생기기도 하지요. 운동이나 악기 등을 배울 때에도 마찬가지입니다. 기본 동작부터 차근차근 익히지 않고 마음만 급해서 속성으로 배우다 보면 낭패를 볼 수 있습니다. 공부 또한 왕도가 없어요. 빨리 끝낸다고 실력이 쌓이는 게 아니니까요.

'급한 길은 에워가라'는 말이 있습니다. 급하다고 서두르면 실수하기 쉽고 결국 그 때문에 더 늦어질 수 있으니 급할수록 앞뒤를 헤아려서 침착하게 행동하라는 뜻이지요. 서두르면 더 실수하기 쉽다는 것, 잊지 마세요!

뜻이 비슷한 속담

빨리 먹은 콩밥 똥 눌 때 보자 한다

꼭꼭 씹지 아니하고 급하게 삼켜 버린 콩은 소화되지 않은 채 그대로 나온다는 뜻으로, 무슨 일이든 급히 서두르면 탈이 생긴다는 말입니다.

급히 더운 방이 쉬 식는다

힘이나 노력을 적게 들여 빨리 해 버린 일은 그만큼 결과가 오래가지 못한다는 뜻입니다.

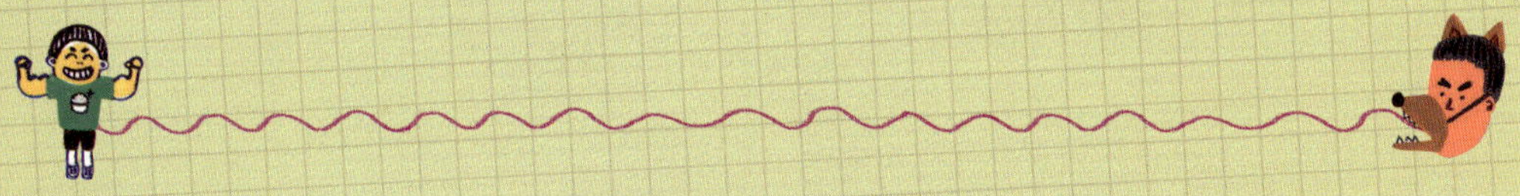

같은 낱말이 들어간 속담

급하면 업은 아이도 찾는다

급한 처지에 놓이면 침착하지 못하고 섣불리 덤비게 됨을 이르는 말입니다.

급하면 바늘허리에 실 매어 쓸까

급하다고 실을 바늘귀에 넣지 않고 바늘허리에 묶어 쓸 수 없듯이 일에는 일정한 순서가 있고 때가 있으므로, 아무리 급해도 순서를 밟아서 해야 한다는 말입니다.

다 된 밥에 재 뿌리기

거의 다 된 일을 끝판에 망치게 되었다는 말.

드디어 신나는 그림 대회 날이에요.

평소에 그림 그리기를 좋아하는 규은이는 오늘이 오기만을 기다렸습니다. 그림 그리는 것도 좋지만 친구들과 함께 모처럼 자연에서 시간을 보낼 수 있다는 사실이 무척 설렜지요. 어제는 엄마에게 빨리 내일이 왔으면 좋겠다는 말을 몇 번씩 되풀이하기도 했답니다.

규은이는 들뜬 마음에 아침 일찍 대회장에 도착했어요. 그리고 커다란 나무 밑에 앉아 친구들을 기다렸지요.

드디어 대회가 시작되어 도화지를 받았습니다. 규은이는 무엇을 그릴까 구상하고는 스케치를 한 뒤 꼼꼼하게 색칠하기 시작했습니다. 친구들과 서로서로 잘 그렸다고 칭찬도 하면서요.

그런데 아까부터 저쪽 잔디밭에서 남자아이들이 왔다 갔다 하며 대회장을 휘젓고 다니는 거예요.

"야, 이것 봐. 진짜 못 그렸다."

"색깔이 뭐 이러냐? 똥색 같아. 하하하하."

규은이는 다른 사람의 그림을 보면서 시시덕거리는 남자아이들이 못마땅했습니다. 그러나 마감 시간까지 끝내려고 그림에만 몰두했지요. 드디어 진한 색까지 다 칠하고 물감이 완전히 말라서 제출하려고 자리에서 일어났어요. 그 순간, 시시덕거리던 남자아이 중 한 명이 뛰다가 그만 규은이의 물통을 차 버렸습니다. 물감을 헹군 물이 규은이의 그림 위로 왕창 쏟아져 버렸지요. 애써서 그린 그림이 **다 된 밥에 재가 뿌려진 것**처럼 순식간에 엉망이 되고 말았습니다.

너무나 놀라고 속상해서 규은이는 울음을 터뜨렸어요. 남자아이도 미안하다고 사과했지만 그렇다고 그림을 원래대로 되돌릴 수는 없었지요. 그토록 기다렸던 대회였는데……. 실망감은 이루 말할 수 없었지만 그나마 친구들이 위로해 주어 규은이는 겨우 마음을 추스릴 수 있었습니다. 하지만 집으로 돌아오는 내내 우울하고 그 남자아이가 너무너무 원망스러웠어요. 그 아이가 이번 일을 계기로 다시는 대회장에서 장난치지 않았으면 좋겠다고 생각했지요.

영양가 챙기기

여러분이 규은이라면 기분이 어떻겠어요? '뛰다가 그럴 수도 있지.', '물통을 그곳에 둔 내 잘못이야.' 하며 남자아이를 쉽게 용서할 수 있나요? 아마도 어려울 거예요. 그 아이가 친구들을 조금만 배려했다면 뛰어다니지 않았을 테고, 물통이 엎질러지는 일도 없었을 테니까요. 이 이야기에서 중요한 점은 물통을 일부러 찼느냐 아니냐가 아니라 애초부터 남을 배려했는가 그렇지 않았는가에 있어요. 남의 일이든, 나의 일이든 신중하게 생각하고 행동해서 다 된 일을 막판에 망치는 경우는 없어야겠어요.

뜻이 비슷한 속담

다 된 죽에 코 풀기

거의 다 된 일을 망치는 주책없는 행동을 비유하는 말입니다.

죽 쑤어 개 좋은 일 하였다

애써 한 일을 남에게 빼앗기거나, 자신은 이득을 챙기지 못하고 엉뚱한 사람에게 이로운 일을 한 결과가 되었을 때 쓰는 말입니다.

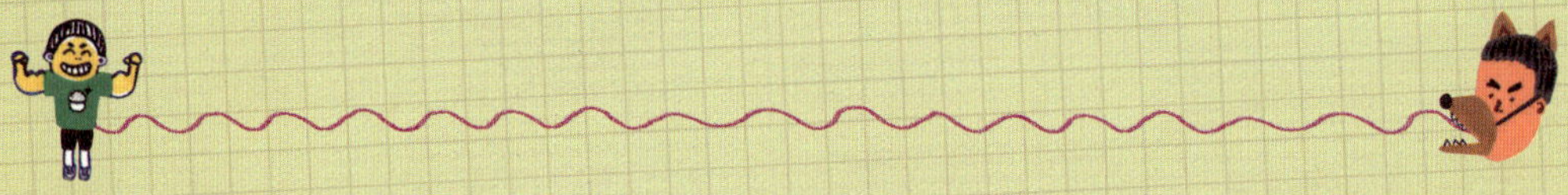

같은 낱말이 들어간 속담

재를 털어야 숯불이 빛난다

재가 숯불에 쌓여 있으면 빛을 가리고 티가 날리게 됩니다. 재를 털어 내야 불이 잘 타오르듯이 자기를 반성하고 약점과 허물을 없애야 자신을 더 빛낼 수 있다는 말입니다.

재가 되다

불에 타서 재가 된 가루는 쓸모가 없듯이 어떤 일이나 생각 따위가 허사가 되는 경우를 말합니다.

밥 먹을 때는 개도 안 때린다

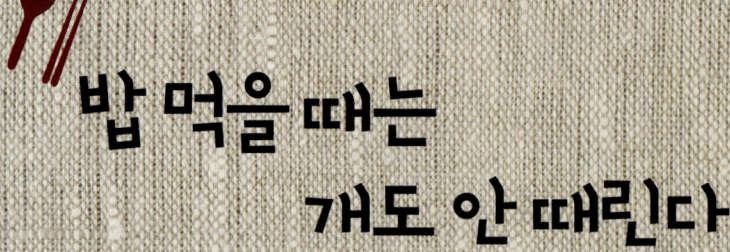

음식을 먹고 있을 때에는 아무리 잘못한 것이 있더라도 때리거나 꾸짖지 말아야 한다는 말.

아침에 일찍 일어난 예승이는 학교 갈 준비를 마치고 어젯밤에 생각해 둔 운동복을 입으려고 했어요. 그런데 아무리 찾아도 없었습니다. 엄마에게 운동복이 어디 있는지 여쭈었더니 빨았다며 다른 옷을 입고 가라고 하셨지요.

"오늘 체육 시간에 그 보라색 운동복을 입어야 한다고요! 물어보지도 않고 빨면 어떡해."

예승이는 생일 선물로 받은 보라색 운동복을 친구들에게 자랑할 수 없게 되어 기분이 상했습니다.

"엄마는 꼭 내가 입으려고 생각해 둔 옷만 빨더라. 반찬은 또 이게 뭐야. 먹을 게 하나도 없네. 아유!"

예승이 엄마는 퉁명스럽게 말하며 밥을 깨작거리는 예승이가 못마땅했지만 아침 댓바람부터 혼낼 수가 없어서 말없이 다른 옷을 골라 주었습니다.

할 수 없이 다른 옷을 입고 학교에 간 예승이는 하루 종일 기분이 좋지 않았어요. 도서실에서 빌리려고 한 책은 모두 대출 중이고, 오늘따라 싫어하는 반찬이 급식으로 나왔지요. 같이 청소 당번이 된 주영이는

학원 시간이 바뀌었다며 일찍 가 버려서 걸레도 혼자 빨아야 했습니다. 게다가 숙제는 또 왜 이렇게 많은지……. 예승이는 잔뜩 찌푸린 얼굴로 집에 돌아왔지요.

저녁에 식구들이 다 같이 모여 앉아 밥을 먹을 때에도 예승이는 얼굴이 퉁퉁 부어 있었습니다.

"우리 예쁜 딸 예승이, 오늘 학교에서 어땠니?"

예승이가 기분이 안 좋아 보이자 엄마가 먼저 말을 건넸습니다.

"……."

"예승아, 엄마가 묻잖아. 대답을 해야지!"

예승이가 아무 대답이 없자 아빠도 한마디 거들었습니다.

"어떻긴 뭐가 어때요. 학교가 맨날 똑같지."

부드러운 엄마 목소리에 괜스레 심통이 난 예승이는 화풀이하듯 엄마에게 쏘아붙였습니다.

"예승이 너, 말버릇이 그게 뭐냐? 아무리 기분이 나빠도 그렇지. 아침 밥상머리에서도 그러더니, 말투며, 태도며, 반찬 투정하는 거며 도통 버릇이 없네."

예승이의 태도에 화가 난 아빠가 야단을 치자 엄마는 손사래를 치며 말렸습니다.

"여보, '밥 먹을 때는 개도 안 때린다'고 하잖아요. 애 체하겠어요. 밥 다 먹고 나중에 말씀하세요. 우리 딸이 원래 말도 예쁘게 잘하고 잘 웃고 엄마한테도 잘하는데 오늘은 속상한 일이 많았나 봐요. 예승아, 괜찮아. 천천히 밥 먹어라."

못되게 굴어도 토닥거리며 편을 들어주는 엄마 덕분에 예승이는 한

결 기분이 나아졌습니다. 그리고 괜시리 심술 부린 것이 죄송하여 눈물이 핑 돌았지요.

영양가 챙기기

밥 먹고 있는데 누가 혼내거나 다른 일을 시키면 짜증이 나겠지요? '밥 먹을 때는 개도 안 때린다'는 말은 비록 하찮은 짐승일지라도 밥을 먹을 때에는 때리지 않는다는 뜻으로, 음식을 먹고 있을 때에는 아무리 잘못한 것이 있더라도 꾸짖지 말아야 한다는 의미예요. 이 속담이 담고 있는 의미처럼 밥 먹는 행위 자체도 중요하지만 밥 먹을 때의 예절도 매우 중요하답니다.

예부터 아이의 인성 교육은 밥상머리에서 이루어진다고 하였습니다. 밥을 먹는다는 것은 인간 생활의 기본이자 시작이지요. 가족이 함께 모여 맛있는 음식을 먹으면서 따뜻한 대화를 나누면 아이들은 자연스럽게 안정감과 친밀감을 느낍니다. '가화만사성'이라는 말이 있어요. 집안이 화목하면 모든 일이 잘 이루어진다는 뜻이지요. 가족이 모두 모여 밥 한끼 같이 먹기가 힘든 현대 사회에서 새삼 되새겨 보게 되는 말이에요.

뜻이 비슷한 속담

지어 놓은 밥도 먹으라는 것 다르고 잡수라는 것 다르다

같은 밥도 먹으라고 낮추어 말하는 것과 잡수라고 공손하게 말하는 것이 다르듯, 예의를 갖추어 대하는 것과 그렇지 못한 것은 큰 차이가 있음을 의미합니다.

식불언(食不言)

음식을 먹을 때는 쓸데없는 말을 하지 않는다는 뜻입니다.

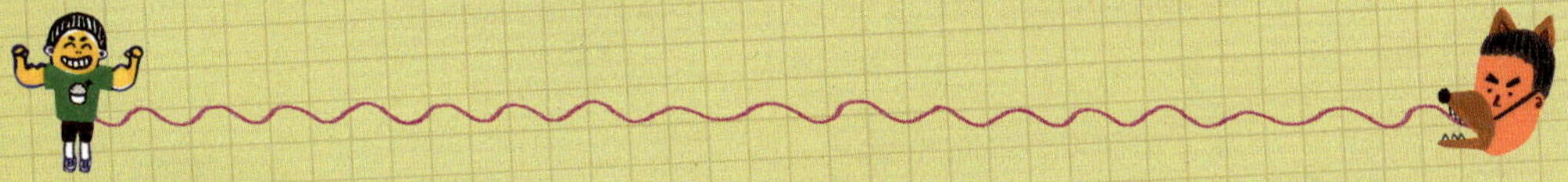

같은 낱말이 들어간 속담

개같이 벌어서 정승같이 산다

천한 일을 하여 돈을 벌었더라도 쓸 때는 떳떳하고 보람된 일에 쓴다는 말입니다.

개 입에서 개 말 나온다

평소에 입버릇이 나쁜 사람의 입에서는 결코 고운 말이 나올 수 없다는 뜻입니다.

찬밥 더운밥 가리다

어려운 형편에 있으면서 배부른 행동을 한다는 말.

보통 우리는 밥을 먹을 때 갓 지어 먹거나 데워서 따뜻하게 먹습니다. 그래서 예부터 더운밥은 온기와 정을 의미하지요.

그와 반대로 찬밥은 어떤 물건의 효과나 효용이 없어짐을 뜻해요. 흔히 사람들에게 제대로 대접받지 못하면 "나는 찬밥 신세다."라고 하지요. 한마디로 말해서 더운밥은 좋은 상황을, 찬밥은 나쁜 상황을 가리킬 때 씁니다.

더운 날 체육 시간에 운동장에서 열심히 운동하고 교실에 들어오면 몹시 목이 마르지요. 마음 같아서는 아주 차가운 얼음물을 꿀꺽꿀꺽 마시고 싶을 거예요. 그러나 얼음물이 없다면 친구가 생각해서 건넨 미지근한 물이라도 마셔야 할 겁니다. 어떻게든 갈증을 푸는 것이 급한 처지이니 "지금 찬밥 더운밥 가리게 생겼니? 고마워."라고 말하며 마시겠

지요. 그런데 이 상황에서 친구의 호의•를 고맙게 생각하기는커녕 "나 지금 엄청 덥거든? 이렇게 미지근한 물을 어떻게 마시냐? 너나 마셔." 라고 하면 굉장히 얄미울 거예요.

'찬밥 더운밥 가리다'는 속담은 어려운 처지에 있으면서 배부른 행동을 하는 것으로, 지금 사정이 급하고 어려운데 이것저것 따지는 것을 비꼬아 말할 때 흔히 씁니다.

우리나라 고전 소설인 《춘향전》에도 이 속담에 걸맞는 상황이 나옵니다. 한양으로 과거 시험을 보러 간 이몽룡이 실제로는 급제를 하여 암행어사가 되었지만 낙방을 한 거지처럼 위장하여 장모인 월매를 찾아오지요. 자신의 딸은 사또의 수청•을 거부하다가 감옥에 갇혔는데 사위랍시고 찾아온 위인은 추레•한 몰골로 밥만 찾자, 월매는 온갖 구박을 하며 이몽룡을 내쫓으려고 합니다. 그러자 이몽룡이 말하지요. "지금 찬밥 더운밥 가릴 처지가 아니니 아무 거라도 좀 주시오."라며 애걸하지요.

살면서 모든 상황이 내가 원하는 대로 흘러가는 것은 아닙니다. 언제든 뜻하지 않은 어려운 상황에 처할 수 있지요. 그런 상황에서 자신의 처지를 바로 보지 못하면 일을 더 그르칠 수 있어요. '이건 이래서 싫고

호의 친절한 마음씨.
수청 여성이 높은 벼슬아치에게 몸을 바쳐 시중을 드는 일.
추레 겉모양이 깨끗하지 못하다.

저건 저래서 싫다'는 식으로 대책 없이 불평만 하기보다는 주어진 상황을 해결하는 데 가장 알맞은 방법을 찾으려고 노력해야겠습니다.

영양가 챙기기

'가난한 놈이 기와집만 짓는다'는 속담이 있어요. 가난하고 구차하게 사는 사람일수록 공상만 많이 하여 허영에 들떠 있다는 뜻이지요. 지금 자신의 형편을 객관적으로 보고 더 나은 삶을 살기 위해 노력하기보다 허세만 부리는 사람을 비꼬는 말입니다. 다급하고 어려운 상황에 처해 있는데 분수를 모르고 좋은 것만 얻으려 하는 '찬밥 더운밥 가리는 사람'과 비슷하지요.

여러분은 어떤가요? 실력을 갖추지 않고 말로만 잘난 체하거나 문제가 생겼을 때 해결하려는 의지 없이 좋은 것만 취하려고 하지는 않나요? 자신이 처한 현재의 상황을 제대로 파악하고 할 수 있는 일들을 하나씩 해 나가는 실속 있는 사람이 되길 바랍니다.

뜻이 비슷한 속담

냉수 먹고 이 쑤시기

냉수 한 잔 마셔 놓고 잘 먹은 체하며 이를 쑤신다는 뜻으로, 실속은 없으면서 대단한 거라도 있는 것처럼 행세하는 모양새를 이르는 말입니다.

김칫국 먹고 수염 쓴다

실속은 없으면서 겉으로만 있는 체한다는 뜻입니다.

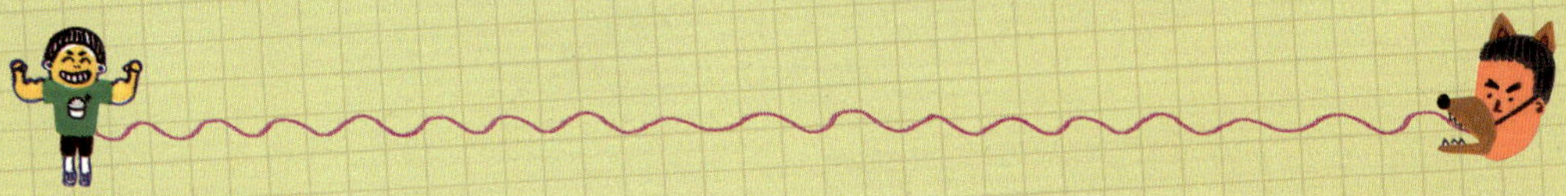

같은 낱말이 들어간 속담

찬밥 더운밥 다 먹어 봤다

세상의 온갖 고생과 어려움을 다 겪어 보았기 때문에 세상 물정을 훤하게 안다는 뜻입니다.

찬밥 두고 잠 아니 온다

대수롭지 않은 것에 미련을 두고 단념하지 못한다는 말입니다.

밥인지 죽인지는 솥뚜껑을 열어 보아야 안다

결과를 보기 전에 미리부터 이러쿵저러쿵할 필요가 없다는 말.

어느 무더운 여름날이었습니다. 뙤약볕 아래 거북이가 땀을 뻘뻘 흘리며 엉금엉금 기어가고 있었어요. 그 모습을 본 토끼가 한심하다는 듯 말을 걸었지요.

“거북아, 넌 그렇게 느릿느릿 기어서 언제 집에 갈래?”

“걱정하지 마. 내가 알아서 할 테니까.”

“아유, 땀 흘리는 것 좀 봐. 더우면 나처럼 깡충깡충 뛰어서 잽싸게 가면 되잖아. 이렇게!”

“상관하지 말고 네 갈 길이나 가.”

거북이는 비아냥거리는 토끼의 말이 듣기 싫었습니다. 사실 토끼가 이렇게 얄밉게 구는 건 이번이 처음이 아니에요. 토끼는 다른 동물들에게 자기가 숲 속에서 제일 빠르다고 자랑하면서 거북이를 볼 때마다 느리다고 놀렸거든요.

"기껏 생각해서 말해 줬더니 퉁명스럽기는, 흥!"

토끼는 자기 말에 전혀 기죽지 않는 거북이를 보자 더욱 심술이 났습니다.

"네가 얼마나 빠른지는 모르겠지만 나는 내가 느리다고 생각하지 않아."

거북이는 씩씩하게 대답하였습니다.

"내가 얼마나 빠른지 모른다고? 세상에, 기가 막혀서. 이 자리에서 직접 보여 줄까?"

거북이의 말에 자존심이 확 상한 토끼가 말했습니다.

"그래, 좋아. 어떻게 보여 줄 건데?"

"너랑 나랑 달리기 시합을 하는 거지. 저 언덕 위에 있는 나무까지 누가 더 빨리 가는지 내기하자. 네가 몇 걸음 뗄 동안 나는 이미 도착해 있겠지만 말이야. 너는 결코 나를 당해 낼 수 없어."

토끼는 어깨를 쫙 펴고 자랑하듯이 말하였습니다.

"정말 그럴까? '밥인지 죽인지는 솥뚜껑을 열어 보아야 안다'고 했어.

네가 빠른지 내가 빠른지는 경주를 해 보면 알겠지."

거북이는 담담하게 말하였습니다.

"좋아. 그 터무니없는 자신감을 납작하게 눌러 주지."

토끼는 비장하게 대답했습니다.

"준비, 출발!"

숲 속 친구들이 지켜보는 가운데 드디어 토끼와 거북이가 경주를 시

밥인지 죽인지는 솥뚜껑을 열어 봐야 알지.
암, 그렇고말고.

작했습니다. 거북이는 온 힘을 다해 열심히 기어갔지만 토끼를 따라잡을 수가 없었습니다. 신나게 달린 토끼는 까마득히 멀어진 거북이를 보며 코웃음을 쳤지요.

"뭐야? 뛰어 봐야 안다고? 참 나, 어이가 없어서. 저렇게 느려 터져서 언제 여기까지 오겠다는 거야."

거북이의 기세등등한 태도에 사실 조금 긴장했던 토끼는 마음을 놓았습니다.

"후유, 뛰었더니 덥네. 거북이가 여기까지 오려면 한참 걸릴 테니 나는 좀 쉬었다 가야겠다."

토끼는 자리에 털썩 주저앉았습니다. 그러다가 그만 깜빡 잠이 들고 말았지요.

그동안 거북이는 포기하지 않고 꾸준히 기어갔습니다. 이윽고 거의 결승점에 다다랐지요. 한참을 자고 난 뒤 문뜩 정신을 차린 토끼는 부리나케 뒤따라 달렸지만 거북이는 이미 결승점을 지난 뒤였습니다.

"저렇게 느린 거북이에게 지다니. 이게 웬 망신이람!"

자만심에 빠져 시합에서 진 토끼는 땅을 치고 후회했습니다. 반대로 거북이는 숲 속 친구들에게 축하를 받았지요.

영양가 챙기기

'밥인지 죽인지는 솥뚜껑을 열어 보아야 안다'는 말은 일이 어떻게 될지는 결과를 보아야 알 수 있다는 뜻이에요. 미리부터 이러쿵저러쿵할 필요가 없다는 말이지요. 달리기 실력으로 본다면 누가 보아도 토끼가 거북이보다 낫겠지만 결과는 거북이의 승리였어요. 거북이의 말대로 뛰어 보고 나서야 그 결과를 알 수 있었지요. 공부든 그밖에 다른 일이든 힘들다고 지레 포기하는 건 아주 어리석은 일이에요. 말 그대로 뚜껑은 열어 보아야 아는 것이니까요.

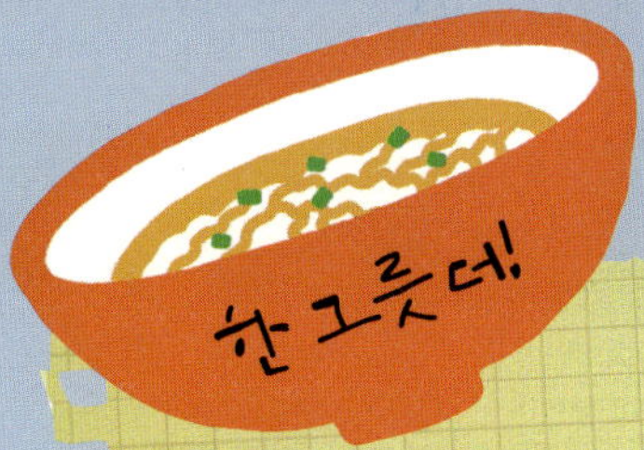

뜻이 비슷한 속담

길고 짧은 것은 대어 보아야 안다

크고 작고, 이기고 지고, 잘하고 못하는 것은 실제로 겨루어 보거나 겪어 보아야 알 수 있다는 말입니다.

청대콩이 여물어야 여물었나 한다

청대콩은 여물었는지 아직 덜 여물었는지 눈으로 보아서는 알 수 없어요. 속을 확인해야 알 수 있지요. 모든 일은 겉으로만 봐서는 잘 파악할 수 없고 실제로 해 보아야 안다는 말입니다.

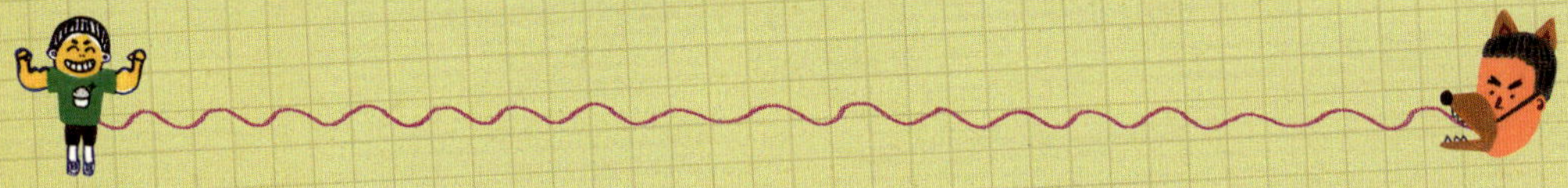

같은 낱말이 들어간 속담

솥뚜껑에 엿을 놓았나

집에 빨리 돌아가려고 몹시 서두르는 사람을 놀림조로 이르는 말입니다.

자라 보고 놀란 가슴 솥뚜껑 보고 놀란다

어떤 것을 보고 몹시 놀란 사람은 비슷한 사물만 보아도 겁을 낸다는 뜻입니다.

재미나다! 우리말

꼭꼭 씹어 먹자! 밥

밥은 우리 음식 중 가장 기본이 되는 음식입니다. 그래서인지 밥에 대한 속담이나 이야기는 앞에서 살펴본 것 외에도 참 많아요. 재료에 따라, 짓거나 담는 법에 따라 다양하게 불리는 밥의 이름을 살펴보아요.

반찬에 따라 불리는 이름

매나니 반찬 없는 맨밥.

강다짐 국이나 물 없이, 또는 반찬 없이 그냥 먹는 밥.

소금엣밥 소금을 반찬으로 차린 밥이라는 뜻으로, 반찬이 변변하지 못한 밥.

밥 짓는 방법에 따라 불리는 이름

곱삶이 두 번 삶아 짓는 밥.(보리쌀로만 밥을 지을 때는 잘 안 되어 두 번 삶기 때문에 꽁보리밥을 곱삶이라고도 해요.)

진밥 질게 지어진 밥.

된밥 물기가 적게 지어진 밥.

선밥 충분히 익지 않은 밥.

탄밥 너무 익어 탄 밥.

언덕밥 솥 안에 쌀을 언덕지게 안쳐서 한쪽은 질게, 다른 쪽은 되게 지은 밥.

삼층밥 삼 층으로 지어진 밥으로, 맨 위는 설거나 질고, 중간은 제대로 되고, 맨 밑은 탄 밥.

고두밥 아주 되게 지어 밥알이 고들고들한 밥.

누룽지 솥바닥에 눌어붙은 밥.

눌은밥 누룽지에 물을 부어 불려서 긁은 밥.

되지기 찬밥을 더운밥 위에 얹어 찌거나 데운 밥.

밥의 또 다른 이름들

밥을 한자어로는 반(飯)이라고 합니다. 밥의 높임말은 '진지'로 어른에게 말할 때 쓰지요. 옛날에는 하인이나 종이 양반에게 썼던 말이기도 해요. 반대로 하인이나 종이 먹는 밥을 낮잡아서 '입시'라고 했어요. 궁중에서 임금에게 올리는 밥은 '수라', 제사 때 올리는 밥은 '메' 또는 '젯메'라고 하지요.

밥을 담는 방법에 따라 불리는 이름

감투밥 그릇 위까지 수북하게 담은 밥.

고깔밥 밑에는 잡곡밥을 담고 그 위에 쌀밥을 수북이 담은 밥.

뚜껑밥 사발 바닥에다 작은 그릇이나 접시를 엎어 놓고 담은 밥 또는 고깔밥의 다른 이름.

밥 먹는 시기에 따라 불리는 이름

밤밥 저녁밥을 먹은 지 한참 뒤, 밤 늦게 먹는 밥.

한밥 끼니 때가 아닌 때에 차린 밥.

이것도 궁금해!

밥은 언제부터 지어 먹었을까요?

신석기 시대부터 곡식을 기르면서 밥을 지어 먹었어요. 신석기 시대 유적지에서 발견된 곡물이나 토기의 흔적으로 미루어 보아, 쌀보다는 주로 조, 피, 기장 같은 곡식으로 해 먹었고 볶아서 조리했음을 알 수 있지요. 그 뒤 토기 만드는 기술이 발달함에 따라 곡식에 물을 부어 끓여 먹는 죽의 형태로 발전했어요.

삼국 시대에 이르러 벼농사가 발달하면서 쌀로 밥을 짓는 조리법이 등장했어요. 처음에는 시루에다가 쌀을 쪄서 먹는 형태였지요. 고구려 안악 고분 벽화에 보면 시루에 음식을 찌고 있는 모습이 그려져 있어 이 같은 사실을 짐작할 수 있어요.

그 후 철기가 발달함에 따라 철제 솥이 등장했고 이때부터 오늘날과 같이 솥에 쌀을 안쳐 밥을 지었어요. 실제로 신라 고분에서 철제 솥이 출토되었고, 《삼국사기》에도 정(鼎: 솥)과 취(炊: 밥을 지음) 자가 기록되어 있어 이러한 사실을 뒷받침하고 있답니다.

떡에 관련된 속담

싼 것이 비지떡

가는 떡이 커야 오는 떡이 크다

보고 못 먹는 것은 그림의 떡

남의 손의 떡은 커 보인다

누워서 떡 먹기

떡 줄 사람은 꿈도 안 꾸는데 김칫국부터 마신다

어른 말을 들으면 자다가도 떡이 생긴다

싼 것이 비지떡

값이 싼 물건은 그만큼 질이 나쁘다는 말.

뉴스나 신문을 보면 값이 싼 여행 상품으로 해외여행을 다녀온 사람들이 불만을 호소하는 기사가 종종 나옵니다. 원하지 않는 곳을 억지로 구경하면서 요금을 냈다거나 필요하지 않은 물건을 강제로 사게끔 하는 바람에 즐거운 여행을 망쳤다면서요. 이런 기사 뒤에는 으레 '**싼 것이 비지떡**'이라며 값이 싸다고 무조건 선택할 것이 아니라 여행지에서 쓸 경비, 숙박 시설, 관광지의 관람 요금 등 세부적인 것을 꼼꼼히 살펴보라는 조언이 붙기 마련이지요.

'**싼 것이 비지떡**'이란 속담은 값싸게 산 물건은 품질이 좋지 않다는 뜻이에요. 조선 시대에 먼 길을 가는 선비에게 '주모가 싸 준 것이 콩비지로 만든 떡(비지떡)이다.'라는 말에서 유래했습니다. 찹쌀로 만든 떡은 찰지고 쫀득하니 맛이 좋지만, 비지에 쌀가루나 밀가루를 섞어 둥글넓적하게 부쳐 낸 비지떡은 아무래도 퍼석한 것이 맛이 좀 덜하겠지요?

물건이 싸면서 품질까지 좋으면 더할 나위 없겠지만 값이 싸면 대개 품질도 떨어지기 마련입니다. 만드는 비용을 줄이기 위해 값싼 재료를 써야 할 테니까요.

학교 앞 문방구에서 값이 싼 장난감이나 문구를 샀는데, 금방 고장 나 버리는 경우가 종종 있어요. 비싸게 산 물건이면 아까워서 수리라도 하겠지만 싸게 산 것은 수리 비용이 더 나오기 때문에 그냥 버리게 되지요. 이렇게 쉽게 쓰고 쉽게 버리게 되므로 따지고 보면 결국 낭비인 셈입니다. 뿐만 아니라 버린 물건들이 쓰레기가 되어 환경 오염의 원인이 되기도 하지요.

이런 값 싼 물건들은 만드는 비용을 줄이기 위해 품질을 낮추는 것은 물론 때로는 인체에 유해한 성분을 넣어 말썽을 빚기도 합니다. 어린이

일부 장난감에서
유해 물질이 검출…….
싼 게
비지떡이라더니!

들이 사용하는 물건에 유해 물질을 넣은 파렴치한•들의 이야기가 신문 지상에 오르내리기도 하지요. 따라서 물건을 살 때는 싸다는 이유만으로 덜컥 사지 말고 품질을 충분히 따져서 선택해야 합니다.

반면에 값이 비싸다고 해서 무조건 좋은 물건이라고 보기도 어렵습니다. 가격이 비싸면 그만큼 품질도 우수할 거라고 생각하는 사람들이나, 비싼 물건을 쓰면 자신의 경제 수준도 높아 보일 거라고 생각하는

파렴치한 체면이나 부끄러움을 모르는 뻔뻔스러운 사람.

사람들의 심리를 이용하여 터무니없이 비싸게 물건을 파는 사람들이 있으니까요. 이런 경우를 흔히 '바가지를 씌운다'고 합니다. 요금이나 물건 값을 실제 가격보다 비싸게 매겨 억울하게 손해를 보게 한다는 의미이지요.

모든 사람들이 양심을 속이지 않고 정직하게 물건을 만들고 판다면 세상은 더욱 살기 좋고 행복할 텐데 참 안타까운 일이에요. 작은 물건 하나를 사더라도 재료, 쓰임새, 모양, 가격, 안전 등을 꼼꼼히 살피는 현명한 소비자가 되어야겠어요.

영양가 챙기기

경제학에 '합리적 선택'이란 말이 있습니다. 물건을 사거나 의사를 결정할 때 가장 적은 돈을 써서 가장 큰 이익을 얻을 수 있는 선택을 말합니다. '같은 값이면 다홍치마'와 비슷한 의미이지요.

그런데 일상 속에서 늘 합리적 선택을 하기란 그리 쉽지가 않습니다. 주변 사람들의 시선도 신경 쓰이고 경제적인 여건이나 개인적 취향도 사람마다 다르기 때문이지요. 중요한 것은 어떤 선택을 하든지 후회가 가장 적은 선택을 하는 것입니다. 물건을 구입할 때뿐만 아니라 공부를 할지, 놀지, 운동을 할지, 쉴지 등 일상생활에서도 합리적인 선택을 하는 사람이 되기를 바랍니다.

뜻이 비슷한 속담

빛 좋은 개살구

겉보기에는 먹음직스러운 빛깔을 띠고 있지만 맛은 없는 개살구라는 뜻으로, 겉만 그럴듯하고 실속이 없는 경우를 이르는 말입니다.

이름이 좋아 불로초라

이름만 좋고 실속은 없음을 비유하는 말입니다.

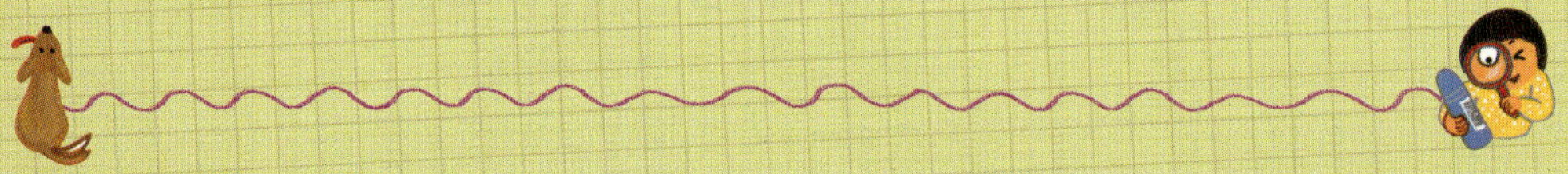

같은 낱말이 들어간 속담

소문난 잔치 비지떡이 두레 반이라

떠들썩한 소문이나 큰 기대에 비하여 실속이 없거나, 소문이 실제와 일치하지 않는 경우를 뜻하는 말입니다.

말이 고마우면 비지 사러 갔다가 두부 사 온다

상대편이 말을 고맙게 하면 생각했던 것보다 훨씬 더 잘 대하게 된다는 말입니다.

가는 떡이 커야 오는 떡이 크다

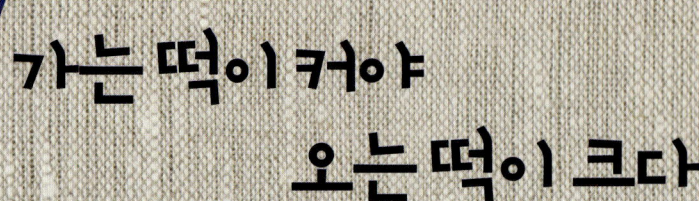

남에게 좋은 말과 행동을 해야 남도 자기에게 좋게 한다는 말.

어느 날, 여우가 두루미를 집에 초대했어요.

"두루미야, 내가 맛있는 것을 많이 해 놓고 기다릴게. 내일 꼭 와!"

"응, 그래. 내일 만나자."

두루미는 친하지도 않은 여우가 자신을 초대한 것이 의아했지만 맛있는 음식을 먹을 생각에 한껏 신이 났습니다.

다음 날, 설레는 마음을 안고 여우 집에 간 두루미는 무척 당황했어요. 식탁에는 온통 국물 요리뿐인 데다가 하나같이 넓고 편평한

대접에 담겨 있어서 주둥이가 긴 두루미는 거의 먹을 수가 없었거든요.

"두루미야, 많이 먹어. 흐음, 냄새도 정말 좋지?"

여우는 쩝쩝 소리까지 내면서 맛있게 먹었습니다. 두루미는 그런 여우를 물끄러미 쳐다볼 수밖에 없었지요.

'뭐야, 지금. 나를 골탕 먹이려는 거야? 아니면 내가 먹을 수 없다는 것을 정말 모르는 거야?'

두루미는 생각할수록 괘씸했어요. 그러나 전혀 내색하지 않고 여우에게 말했지요.

"여우야, 오늘 초대해 줘서 고마워. 내일은 내가 대접할 테니 우리 집에 놀러 와."

여우는 기쁜 마음으로 그러겠다고 했어요. 다음 날, 여우도 신이 나서 두루미 집에 갔습니다. 두루미는 어떤 그릇에 음식을 담았을까요? 맞아요. 자기만 먹을 수 있도록 길고 좁은 호리병에 담아 내놓았답니다.

"두루미야, 이걸 어떻게 먹으라는 거니?"

"'**가는 떡이 커야 오는 떡이 크다**'는 말이 있어. 무슨 뜻인지 모르겠으면 어제 네가 한 행동을 돌이켜 보렴. 납작한 접시에 담긴 국을 내가 어떻게 먹을 수 있겠니?"

두루미의 말에 여우는 창피해서 얼른 집으로 돌아갔답니다.

영양가 챙기기

에구구, 여우가 얌체같이 굴었다가 오히려 두루미에게 당했네요. '가는 떡이 커야 오는 떡이 크다'는 말은 다른 사람에게 좋은 말과 행동을 해야 남도 자기에게 좋게 한다는 뜻입니다.

나는 남에게 아무렇게나 대해 놓고 남이 잘해 주기만 바라면 안 되겠지요? 여우가 두루미에게 정성껏 대접했다면 두루미도 여우에게 똑같이 대접했을 거예요. '두루미와 여우' 이야기를 조금 바꿔서 여우가 두루미에게 해를 입혔고, 두루미는 당한 만큼 앙갚음을 했다면 이런 속담을 쓸 수 있어요. '눈에는 눈 이에는 이'라고요.

뜻이 비슷한 속담

가는 말이 고와야 오는 말이 곱다

다른 사람에게 좋은 말과 행동을 해야 다른 사람도 자기에게 좋게 대한다는 말입니다.

가는 정이 있어야 오는 정이 있다

남을 먼저 챙기고 마음을 쓰면 남도 내게 잘한다는 말입니다.

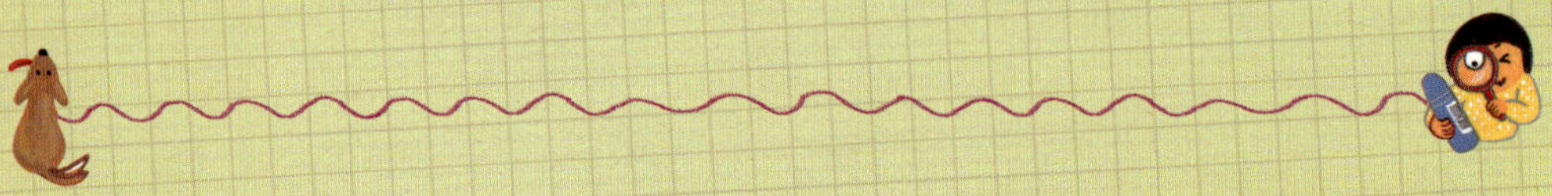

같은 낱말이 들어간 속담

가는 세월 오는 백발

세월이 가면 나이를 먹고 늙는다는 말입니다.

가는 방망이 오는 홍두깨

내가 상대방을 방망이로 때리면 상대방은 홍두깨로 나를 때린다는 뜻으로, 자기가 한 일보다 더 가혹하게 앙갚음을 당하는 경우를 이릅니다.

보고 못 먹는 것은 그림의 떡

아무 실속이 없다는 말.

어느 숲 속에 여우가 살았습니다. 여우는 어제 저녁부터 아무것도 먹지를 못했어요.

"오늘은 먹이를 구해야 할 텐데, 아이고 배고파라."

먹을 것을 구하러 다니느라 지친 여우는 더 이상 걸을 수가 없었어요.

그때였습니다. 저 멀리 포도밭이 보였어요.

"옳거니, 저기 가서 포도를 따 먹어야겠다. 역시 죽으란 법은 없구나."

여우는 포도를 보자 드디어 배고픔을 면할 수 있다는 생각에 젖 먹던 힘까지 내어 포도밭으로 갔습니다. 그런데 막상 가 보니 포도는 생각보다 높은 곳에 달려 있었지요.

그나마 제일 낮은 데에 열린 거라도 따 보려고 손을 뻗고, 발돋움을 하고, 뛰어도 보았지만 아무 소용이 없었어요.

"포도가 저렇게 많은데, 먹을 수가 없다니……."

온 힘을 다해 뛰었지만 포도를 딸 수 없자 크게 실망한 여우가 힘없이 중얼거렸습니다.

"그림의 떡이 따로 없구나. 그래, 저 포도는 틀림없이 시고 맛도 없을 거야."

배가 고파 죽을 지경인데 탐스러운 포도를 눈앞에 두고도 먹지 못하다니 정말 안됐지요? '**보고 못 먹는 것은 그림의 떡**'은 이처럼 아무 실속이 없는 경우에 쓰는 말입니다. 여기서 '실속'이란 군더더기가 없는, 실지 알맹이가 되는 내용을 뜻하지요.

이와 비슷한 사자성어로 '화중지병(畫中之餠)'이라는 말이 있어요. 중국 위나라의 초대 황제인 조비는 관직의 등급을 9가지 품으로 나눈, '구품관인법'이라는 관리 등용 제도를 마련했습니다. 그리고 명성이 높은 사람보다 잘 알려지지는 않았지만 능력 있고 착실한 사람을 우선 선발

했지요. "명성은 마치 땅에 그린 떡과 같아서 쓸모가 없다. 관리를 임용할 때는 명성으로 판단하여 채용해서는 안 된다."고 하였고, 여기서 '화병', 즉 '그림의 떡'이라는 말이 유래했습니다.

그런데 우리가 쓰는 '그림의 떡'과 중국에서 쓰는 '그림의 떡'은 어감의 차이가 약간 있어요. 우리는 '그림의 떡'을 탐스럽지만 손에 넣을 수 없으므로 소용없다는 뜻으로 쓰는 데 반해, 중국 사람들은 '그림의 떡'이라

도 있으면 그것을 보면서 굶주림을 달랠 수 있다'는 뜻으로 쓰지요. 어찌 됐든 둘 다 가질 수 없는 것을 의미한다는 점에서는 같아요.

영양가 챙기기

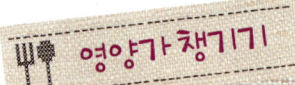

여러분에게 '그림의 떡'은 무엇입니까? 배탈이 났을 때 차려진 맛있는 음식, 너무 작아서 입을 수 없는 예쁜 옷 등 '그림의 떡'은 무궁무진할 거예요. 그런데 혹시 노력하면 얻을 수 있는데도 지레 포기하고는 '저건 나한테 그림의 떡이야.'라고 생각한 적은 없나요? 도전하고 노력하다 보면 이룰 수 있는 것이 생각보다 많답니다. 무슨 일이든 희망을 갖고 최선을 다해 보세요.

뜻이 비슷한 속담

목마른 사람에게 물소리만 듣고 목을 축이라 한다

목이 마를 때 물소리만 듣는 것은 아무런 소용이 없지요. 말로는 해결해 줄 것같이 하지만 실제로는 아무런 대책을 세워 주지 않음을 비유하는 말입니다.

말하는 매실

말로 매실의 맛을 얘기해 봤자 그 맛을 알 수 없다는 뜻으로, 보거나 들어도 아무 실속이 없음을 이르는 말입니다.

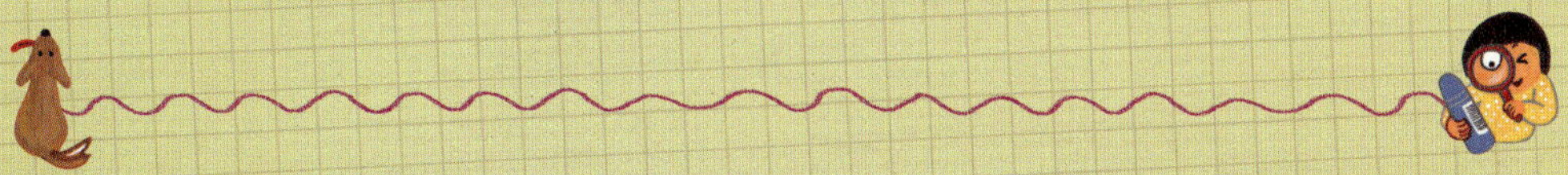

같은 낱말이 들어간 속담

개 그림 떡 바라듯

개가 그림의 떡을 아무리 바라보고 있어야 헛일이라는 뜻으로, 행여나 하는 기대를 가지고 지켜보지만 헛일임을 이르는 말입니다.

보기 좋은 떡이 먹기도 좋다

겉모양이 좋은 것이 그 내용도 좋다는 뜻으로 겉모양새를 꾸미는 것도 필요하다는 말입니다.

남의 손의 떡은 커 보인다

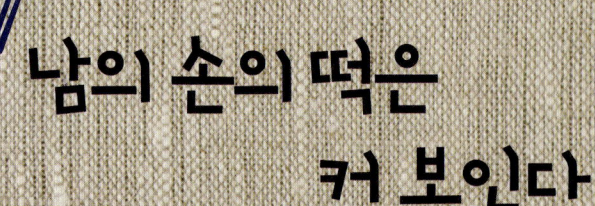

남의 것이 제 것보다 더 좋아 보인다는 말.

수현이는 오늘따라 급식 시간이 기다려집니다. 수현이가 제일 좋아하는 닭튀김이 나오기 때문이지요. 평소에 고기 종류는 뭐든지 잘 먹지만 소스를 살짝 발라 노릇노릇 구운 닭튀김은 더욱더 맛있습니다. 드디어 급식 시간이 되어 수현이 차례가 되었어요. 마음 같아서는 식판 가득 닭튀김을 담고 싶었지만 다른 친구들도 먹어야 해서 서너 개만 담았습니다. 대신 큰 것으로만 골랐지요.

그런데 참 이상합니다. 자리에 앉아 짝꿍의 식판을 보니 왠지 짝꿍의 것이 더 커 보이는 거예요.

'분명 큰 것으로 골라 담았는데…….'

수현이는 점심을 먹는 내내 짝꿍의 닭튀김이 더 커 보여서 자꾸만 신경이 쓰였답니다.

여러분도 수현이와 같은 경험을 한 적이 있을 거예요. 빵이나 케이크, 피자를 나누어 먹을 때 친구나 동생의 것이 내 것보다 커 보이는 것처럼 느낀 적 말이에요. 내 학용품보다 친구의 학용품이 더 좋아 보이기도 하고, 때로는 친구의 부모님이 우리 부모님보다 더 인자해 보이기도 하지요? 이렇게 남이 가진 것이 더 크고 좋아 보일 때 '**남의 손의 떡은 커 보인다**'라고 해요.

그렇다면 실제로 남이 가진 것이 다 크고 좋은 걸까요? 아니에요. 남의 것이 크고 좋아 보이는 것은 내 욕심이 크기 때문이랍니다. 내가 남보다 더 많이 갖고 싶고, 더 잘되고 싶고, 더 나은 상황에 있기를 바라다 보니 자꾸만 남이 가진 것에 신경이 쓰이고 욕심이 나는 것이지요.

전래 동화 중에 '파란 구슬'이라는 이야기가 있습니다. 할머니, 할아버지가 개와 고양이를 키우는데 둘은 항상 자기가 더 많이 사랑을 받으려고 다투어요. 할머니가 먹을 것을 주면 자기 것이 더 작아 보여 야옹대고, 할아버지가 둘 다 귀여워해 줘도 상대방만 더 쓰다듬어 주는 것 같아 으르렁거립니다.

그러던 어느 날, 할머니는 용왕의 아들을 구해 준 보답으로 받은 파란 구슬을 욕심쟁이 할머니한테 속아 가짜 구슬로 바꿔치기 당합니다. 처음에 개와 고양이는 함께 구슬을 되찾으러 떠나지만 결국에는 고양이

가 구슬을 찾아와요. 그 후로 고양이는 집 안에서 고기 반찬을 먹고 개는 마루 밑에서 뼈다귀만 핥게 되었답니다. 둘의 사이는 어땠냐고요? 당연히 앙숙이었지요. 이 이야기에서 서로 다투는 개와 고양이의 모습은 '**남의 손의 떡은 커 보인다**'는 속담을 잘 보여 주고 있답니다.

앙숙 앙심을 품고 서로 미워하는 사이.

영양가 챙기기

누구에게나 이기적인 면은 있기 마련이에요. 사람이라면 본능적으로 자기를 먼저 생각하게 되기도 하지요. 성인(聖人)이 아닌 이상 모든 것을 남에게 양보하고 늘 남을 위해 살 수는 없습니다. 하지만 그렇다고 해서 남의 것을 빼앗아 내 것을 더 채운다든지, 남에게 손해를 입히고 내가 더 많이 갖는 행동을 해서는 안 돼요. 그러면 세상은 뺏고 빼앗기며 서로를 해치는 전쟁터가 되고 말 테니까요.

여러분 주변에 유독 자기만 좋은 것을 챙기려고 하고, 청소 시간에도 자기만 편한 구역을 맡으려는 친구가 있지요? 그런 친구를 볼 때 어떤 생각이 드나요? 좀 얄밉기도 하고 눈살이 찌푸려질 거예요. 나만 생각하고 너무 욕심내기보다 한번쯤 친구에게 더 좋은 것을 양보해 보세요. 친구가 고마워하고 즐거워하는 모습을 보면서 마음이 뿌듯하고 행복해지는 경험을 할 수 있을 거예요.

뜻이 비슷한 속담

제 논에 모가 큰 것은 모른다

언제나 남의 논에 있는 모가 더 커 보인다는 뜻으로, 무엇이든 남의 물건은 좋아 보이고 탐이 남을 이르는 말입니다.

남의 밥에 든 콩이 굵어 보인다

자기 것보다 남의 것이 더 좋아 보인다는 말입니다.

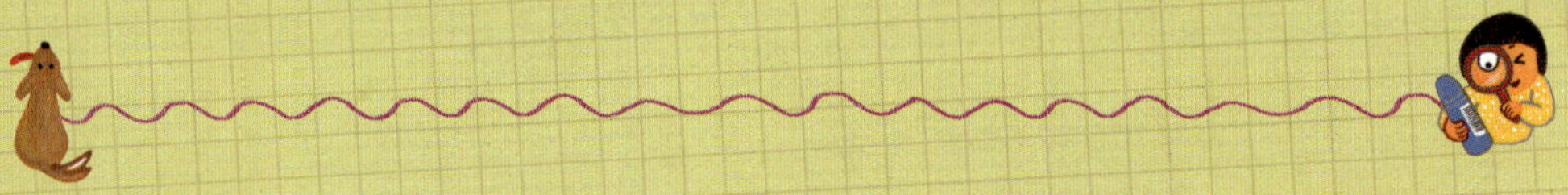

같은 낱말이 들어간 속담

손이 발이 되도록 빌다

허물이나 잘못을 용서하여 달라고 간절히 빈다는 뜻입니다.

손이 많으면 일도 쉽다

어떤 일이든 여러 사람이 힘을 합하면 쉽게 잘해 낼 수 있다는 뜻입니다.

누워서 떡 먹기

매우 쉬운 일을 비유하는 말.

1879년 3월 14일, 독일의 울름에서 세상을 바꾼 위대한 과학자 알베르트 아인슈타인이 태어났습니다. 1905년에 광양자설, 브라운 운동, 특수 상대성 이론을 발표하고, 1916년에 일반 상대성 이론을 발표한 아인슈타인은 광전 효과 연구와 물리학에 기여한 업적으로 1921년에 노벨 물리학상을 받았습니다. 광전 효과는 금속 등의 물질에 빛을 비출 때 전자가 나온다는 이론으로 자동문, 디지털카메라 등 수많은 첨단 기술에 응용되었지요. 76세에 세상을 떠날 때까지 아인슈타인은 현대 물리학에 한 획을 긋는 업적을 이루어 냈습니다. 특히 빛도 큰 힘으로 잡아당기면 휜다는 상대성 이론은 당시 과학계에 엄청난 파장을 불러일으켰

지요.

이렇게 전 세계가 인정하는 천재의 어린 시절은 어땠을까요? 보통 사람들하고는 완전히 다르지 않았을까요? 사실 그렇지 않답니다. 어린 시절 아인슈타인은 말을 더듬는 버릇이 있었고, 암기하는 것을 몹시 싫어해서 자기 집 전화번호조차 외우지 않았어요. 수학, 과학 말고 다른 과목은 성적이 너무 나빠서 1년을 더 공부한 뒤에야 스위스 취리히 공과대학에 합격했지요.

아인슈타인의 엄청난 업적과 능력 때문에 사람들은 그의 뇌가 특별할 거라고 생각했습니다. 그래서 아인슈타인이 죽은 뒤, 유족의 허락을 받아 뇌를 조사했는데 일반 사람의 뇌와 크게 다르지 않았어요. 오히려

무게는 살짝 가벼웠습니다. 다만 뇌에서 수학, 과학 능력을 담당하는 부분은 다른 사람들보다 발달해 있었지요.

결국 아인슈타인은 태어날 때부터 특별한 뇌를 갖고 태어난 천재가 아니라 끊임없이 노력하고 공부를 하여 천재가 된 것입니다. 아인슈타인이 보여 준 집념과 끈기, 노력은 누구도 따라갈 수 없을 만큼 대단했습니다. 그가 얻은 성과는 결코 '**누워서 떡 먹기**'로 이뤄진 것이 아니었지요.

우리는 흔히 유명한 과학자나 운동선수, 위인들이 타고난 재능만으

로 모든 것을 쉽게 성취했을 거라고 생각합니다. 수많은 시행착오와 혹독한 훈련 과정은 생각하지 않고 현재의 성공한 모습과 업적만을 보기 때문이지요. 아무런 노력 없이 어떤 일을 쉽게 해내기란 거의 불가능합니다. 물론 어느 정도 경지에 오르면 '**누워서 떡 먹기**'가 가능할 수도 있겠지요. 하지만 그렇게 되기까지도 무수한 땀과 노력이 필요하다는 사실을 잊어서는 안 되겠어요.

영양가 챙기기

'달인'이라는 말을 아나요? 사물의 이치와 도리에 정통한 사람이나 특정 분야에 통달하여 남달리 뛰어난 역량을 가진 사람을 일컫는 말입니다. 이 말이 친근하게 느껴지는 것은 아마도 방송 프로그램을 통해 자주 접했기 때문일 거예요. 여러분도 알다시피 방송에 소개된 달인들은 처음부터 놀라운 능력을 타고난 사람들이 아니었어요. 자기가 맡은 분야에서 꾸준히 노력하여 최고의 경지에 올랐지요. 그 경지에 오르기 위해 수많은 시도와 실패를 반복했음은 물론이고요.

달인들이 '누워서 떡 먹기'처럼 너무나 쉽게 해내는 모습 뒤에는 노력이라는 값진 땀방울이 숨어 있음을 기억하세요.

뜻이 비슷한 속담

땅 짚고 헤엄치기

땅을 짚고 헤엄치는 일이 매우 쉽듯이 아무런 힘을 들이지 않고 일을 쉽게 해내는 것을 이르는 말입니다.

손 안 대고 코 풀기

손조차 사용하지 않고 코를 푼다는 뜻으로, 일을 아주 쉽게 해치운다는 뜻입니다.

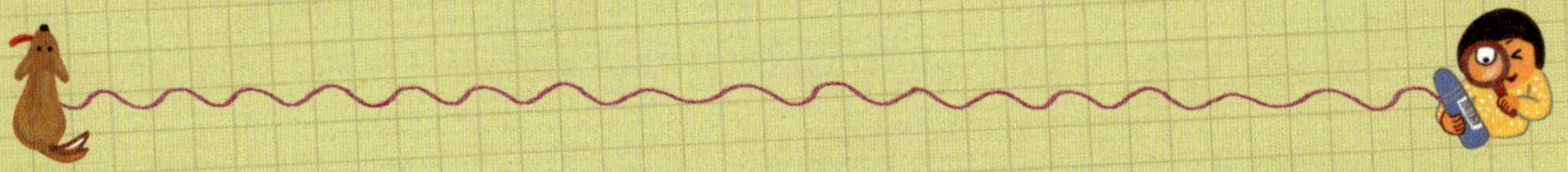

같은 낱말이 들어간 속담

누워서 침 뱉기

남을 해치려고 하다가 도리어 자기가 해를 입게 된다는 말입니다.

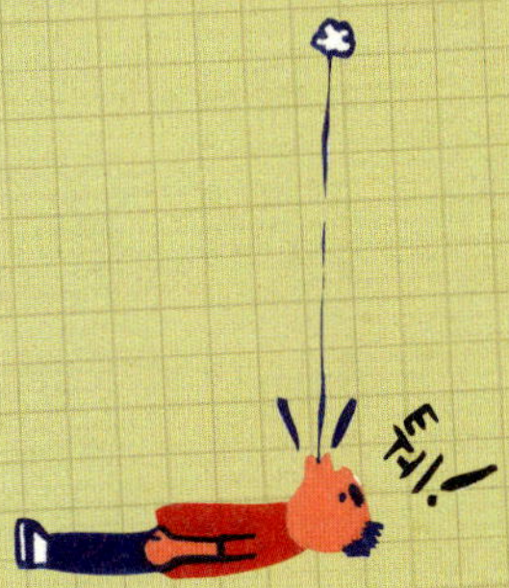

매달린 개가 누워 있는 개를 웃는다

남보다 못한 형편에 있으면서 오히려 남을 비웃는다는 뜻입니다.

떡 줄 사람은 꿈도 안 꾸는데 김칫국부터 마신다

상대방은 생각지도 않는데 미리부터 다 된 줄로 알고 행동한다는 말.

'**떡 줄 사람은 꿈도 안 꾸는데 김칫국부터 마신다**'는 속담은 누가 떡을 갖고 있는 것을 보고 '저 사람이 나한테 떡을 줄 텐데 그걸 먹으면 목이 메겠지? 그러니 미리 김칫국부터 먹어 두어야겠다.'고 생각한다는 것입니다. 한마디로 상대방은 생각지도 않는데 선불리 일을 짐작하고 멋대로 행동한다는 말이지요. 흔히 하는 말로 너무 '오버한다'고 해야 할까요? '앞집 떡 치는 소리 듣고 김칫국부터 마신다'도 같은 뜻입니다. 그런데 떡을 먹을 때 왜 김칫국을 마실까요?

예로부터 김치는 밥 먹을 때 외에, 간식을 먹을 때에도 곁들였습니다. 그중에서도 나박김치는 국물이 있는 김치라서 뻑뻑한 떡 종류를 먹

을 때 곁들이로 내는 경우가 많았지요. 여기서 말하는 '김칫국'은 김치를 넣고 끓인 뜨거운 국이 아니라 차갑게 먹는 국물김치류의 국을 말합니다.

'떡 줄 사람은 꿈도 안 꾸는데 김칫국부터 마신다'는 속담처럼 일상생활에서도 지레짐작을 하고 잘못 행동하는 경우를 의외로 많이 볼 수 있습니다.

예를 들어, 내가 좋아하는 음식들로만 장을 봐 온 걸 보고 오늘 저녁에는 맛있는 음식을 실컷 먹겠다 싶어 점심을 조금 먹었는데 저녁 밥상에 기대한 음식들이 없으면 실망이 크겠지요.

부모님이 마트나 백화점에 가자고 할 때도 그래요. '마침 새 운동화가 필요한데 그걸 사 주시려고 그러나?' 하며 갈아 신기에 편한 신발을 신고 갔는데, 새 신발은커녕 무거운 짐만 들고 다녀야 했던 경우 말이에요.

지금도 그렇지만 떡은 옛날부터 생일, 결혼, 돌, 환갑, 제사 등 집안의 경사나 특별한 날 또는 명절에 해 먹는 음식이었습니다. 그래서 떡을 하면 으레 이웃과 두루 나눠 먹었지요. 이 때문에 어느 집에서 떡을 하면 당연히 나에게도 나누어 주겠지 하는 마음에 김칫국을 준비했을 거예요. 하지만 이렇게 너무 앞서서 혼자 일을 벌여 놓으면 자연히 무

리가 따르기 마련이지요. 또한 괜히 혼자 기대해 놓고 상대방에게 섭섭한 마음을 갖는 모습이 남우세스러웁•기도 하고요.

남우세스럽다 남에게 놀림과 비웃음을 받을 듯하다.

영양가 챙기기

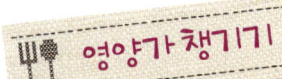

지레짐작해서 남의 생각을 서둘러 판단하거나 너무 앞서서 일을 처리하면, 오해가 생기고 일도 틀어지게 됩니다. 상대방은 생각지도 않는데 미리부터 다 된 일로 알고 행동하면 실망이 클 뿐더러 경제적으로나 시간적으로 손해를 볼 수도 있어요. 다른 사람과 얽힌 일일수록 상황을 냉철하게 보는 안목을 길러야 해요.

뜻이 비슷한 속담

떡방아 소리 듣고 김칫국 찾는다

남의 집 떡방아 소리를 듣고 김칫국부터 준비하려고 한다는 말로 미리 설레발치지 말라는 뜻입니다.

남의 밥 보고 장 떠먹는다

아무 상관도 없는 남의 일을 가지고 공연히 미리부터 좋아한다는 말입니다.

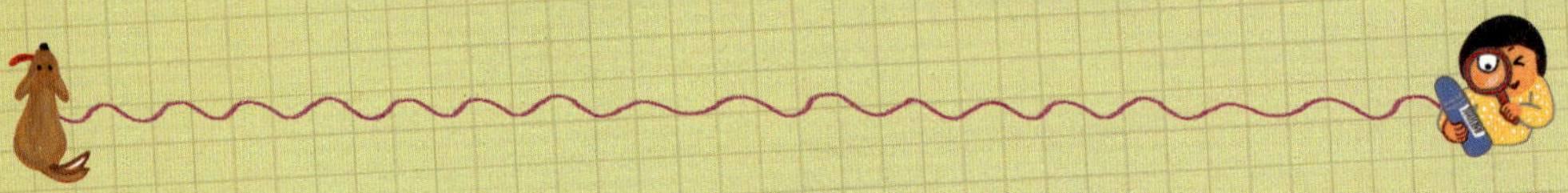

같은 낱말이 들어간 속담

열무김치 맛도 안 들어서 군내부터 난다

열무김치가 익지도 않은 것이 군내가 난다는 뜻으로, 어른이 되기도 전에 못된 버릇부터 배우는 경우를 비꼬는 말입니다.

꺼내 먹은 김치독

텅 비고 아무것도 없는 것을 이르는 말입니다.

어른 말을 들으면 자다가도 떡이 생긴다

어른이 하라는 대로 하면 여러 가지로 이익이 된다는 말.

어느 시골에 포도 농사를 짓는 농부가 살았습니다. 농부에게는 아들이 셋 있었는데 하나같이 게을러서 일을 하려고 하지 않았습니다. 농부는 그런 아들들을 보며 걱정이 태산이었지요.

'후유, 내가 죽으면 이 포도밭은 어쩌나!'

생각할수록 농부는 속이 타들어 갔습니다.

세월이 흘러 농부는 늙고 병들었어요. 얼마 뒤 죽음을 앞둔 농부는 세 아들을 불렀습니다.

"얘들아, 저 포도밭에 보물을 숨겨 놓았으니 내가 죽으면 파 보아라."

농부는 세 아들에게 유언을 남기고 숨을 거두었습니다.

“아버지가 포도밭에 보물을 묻어 두셨단 말이지?”

“귀찮은데 꼭 파 보아야 하나?”

“귀찮기는 하지만 보물이 생기면 일을 안 해도 되잖아.”

세 아들은 저마다 투덜거렸지만 보물을 갖고 싶은 마음에 땅을 파기로 결심했습니다.

다음 날부터 세 아들은 열심히 포도밭을 팠습니다. 여긴가? 저긴가? 하며 며칠을 계속 팠지만 보물은 나오지 않았어요. 그렇게 계속 파다가 결국 포도밭 전체를 다 갈아엎었습니다. 그러나 끝내 보물을 찾을 수 없었지요.

“이럴 수가, 도대체 보물이 어디에 있는 거야? 보물이 있기는 있는 거야?”

세 아들은 보물이 나오지 않자 아버지가 거짓말을 했다고 생각하며 화를 냈습니다.

시간이 흘러 어느덧 여름이 되었어요. 어느 날, 우연히 포도밭을 본 아들들은 깜짝 놀랐습니다. 까맣게 잊고 있던 포도밭에 포도가 주렁주렁 열린 거예요.

“아, 이제 알겠어. 아버지가 말한 보물은 바로 저 포도였던 거야.”

“우리가 게을러서 일을 안 할 줄 알고 그렇게 말씀하셨구나.”

세 아들은 아버지의 말을 듣길 잘했다고 생각했습니다.

'**어른 말을 들으면 자다가도 떡이 생긴다**'는 속담이 있지요. 어른이 시키는 대로 하면 실수가 없을 뿐만 아니라 여러 가지 이익도 생긴다는 말입니다. 농부의 세 아들은 떡보다 더 큰 교훈을 얻었네요.

영양가 챙기기

옛 아이들은 꼭 부모가 아니더라도 주변의 어른들을 '어르신'이라 부르며 공경하고 따랐습니다. 개중에는 공연한 잔소리를 하는 어른도 있었지만 함부로 대들거나 거역하지 않았어요. 어른의 말을 거스르는 것을 예의에 어긋나는 행동으로 여겼기 때문이지요.

어른들은 때로 여러분이 듣기 싫어하는 소리를 많이 할 거예요. 이른바 '잔소리'라고 하지요. 그러나 듣기 싫은 말이라고 해서 쓸데없거나 가치 없는 말이라고 생각해서는 안 돼요. 어른들은 여러분보다 세상에 대한 경험과 지식이 훨씬 많고 그로써 깨달은 지혜도 크니까요. 어른이 하는 말을 모두 잔소리라 생각하고 듣지 않으면 발전하지 못해요. 당장은 듣기 싫어도 곱씹어 보면 결국 '뼈와 살이 되는' 말들이 많을 거예요.

한 그릇 더!

뜻이 비슷한 속담

웃어른 모시고 술을 배워야 점잖은 술을 배운다

술은 윗사람에게서 배워야 술 마시는 예절이 좋다는 말입니다.

나무는 큰 나무의 덕을 못 보아도 사람은 큰사람의 덕을 본다

훌륭한 사람을 알고 지내면 어떤 식으로든 덕을 입게 된다는 말입니다.

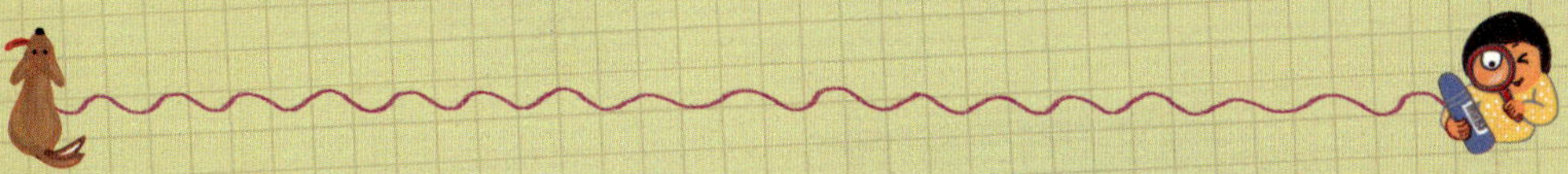

같은 낱말이 들어간 속담

자고로 제집
어른을 잘 섬겨야지.
네, 스승님.

제집 어른 섬기면 남의 어른도 섬긴다

자기 집에서 잘하는 이는 밖에 나가서도 잘한다는 뜻입니다.

아이 싸움이 어른 싸움 된다

어린애들 싸움이 나중에는 그 부모들의 다툼이 된다는 말로 대수롭지 않은 일이 점차 큰일로 번진다는 뜻입니다.

빵보다 맛난 떡

떡이란 곡식을 가루 내어 찌거나, 삶거나, 기름으로 지져서 만든 음식을 통틀어 이르는 말입니다. 옛말의 동사 '찌다'가 명사가 되어 '찌기-떼기-떠기-떡'으로 변화했는데, 본디는 찐 것이라는 뜻이며, 한자어로는 병(餠)이라고 부릅니다. 떡의 종류와 이름에 대해 더 알아보아요.

떡의 종류에 따른 이름

찌는 떡(증병)

우리나라의 떡 중에서 가장 많은 종류를 차지하며, 곡물가루를 시루에 안쳐 증기로 쪄 냅니다.

시루떡 주재료(쌀가루나 찹쌀가루)와 고물(팥, 녹두, 깨 등)을 시루에 차례로 안쳐 켜를 짓고 찌는 떡.(예: 팥시루떡, 무떡, 호박떡, 각색차시루떡)

설기떡 켜를 만들지 않고 쌀가루가 한 덩어리가 되게 하여 찐 떡.(예: 백설기, 콩설기, 감설기, 밤설기, 쑥설기 등)

송편 빚어 찌는 떡으로 멥쌀가루를 익반죽하여 풋콩, 깨, 밤 등의 소를 넣고 모양을 빚어 시루에 넣고 찜.(예: 모시잎송편, 오색송편, 감자송편)

두텁떡 시루떡의 일종. 찹쌀가루를 꿀이나 설탕으로 반죽한 후에 고물과 떡가루를 평평하게 안치지 않고 소복하게 안쳐 찌는 떡. 봉우리떡이라고도 불림.

증편 부풀린 다음 쪄 먹는 떡. 멥쌀가루에 막걸리를 넣어 반죽하면 막걸리의 효모가 발효되면서 탄산가스가 나오고 쌀가루 반죽이 부풀어 오름. 이것을 틀에 넣고 고명으로 밤, 대추, 석이버섯 채 썬 것, 잣 등을 얹어서 찌는 떡.

치는 떡(도병)

멥쌀이나 찹쌀의 알갱이 또는 그 가루를 시루에 쪄낸 후, 뜨거울 때 절구나 안반(떡을 칠 때 쓰는 두껍고 넓은 나무 판)에서 떡메로 쳐서 만듭니다.

가래떡 멥쌀을 쪄서 안반 위에 놓고 친 다음 둥글고 길게 만든 떡. 정월 초하루에 떡국용으로 씀.

절편 멥쌀가루에 물을 내려서 쪄 낸 다음 물을 조금씩 넣어 가며 치댄 떡.

개피떡 떡을 얇게 밀어 거피팥(껍질을 벗긴 팥) 고물로 소를 넣고 반달 모양으로 찍어 낸 떡. 공기가 들어가게 만들어 '바람떡'이라고도 함.

인절미 불린 찹쌀 알곡을 그대로 시루에 안쳐 쪄 낸 다음, 뜨거울 때 떡메를 소금물에 적셔 가며 쌀알이 뭉개지도록 쳐서 콩고물을 입힌 떡.

단자 찹쌀가루에 대추나 석이, 쑥과 같은 재료를 섞어 찐 다음, 팥, 밤, 깨 등을 꿀에 버무린 소를 넣고 밤톨만큼씩 둥글게 빚어 고물을 묻힌 떡.

지지는 떡(전병)

찹쌀가루를 끓는 물로 익반죽하여 모양을 만든 다음 기름에 지진 떡으로, 잔치나 명절의 큰상에 시루떡 등을 높이 괼 때, 맨 위에 한두 켜씩 얹어 장식용으로 많이 썼습니다.

화전 찹쌀가루 반죽을 둥글고 납작하게 빚어서 기름에 지져 내는 떡으로 계절에 따라 다양한 꽃을 고명으로 씀.

주악 찹쌀가루를 익반죽해 치대어 송편처럼 빚고, 소를 넣어 기름에 지진 후 꿀이나 조청을 바른 떡.

부꾸미 찹쌀가루나 찰수수가루 또는 밀가루를 익반죽하여 둥글납작하게 빚은 다음, 기름에 지져 내 거피팥을 소로 넣고 반달 모양으로 접어 만든 떡. 꿀이나 조청을 바르지 않음.

산승 찹쌀가루에 꿀을 넣고 익반죽하여 서너 갈래의 뿔 모양으로 빚어 기름에 지져 낸 후 잣과 계피가루를 뿌려 만든 떡.

삶는 떡(경단)

찹쌀가루나 수수가루를 끓는 물로 익반죽하여 동그랗게 빚거나 도넛 모양으로 만들어 끓는 물에 삶아서 고물을 묻혀 만듭니다.

수수경단 찰수수가루로 경단을 만들고 붉은 팥고물을 묻혀 돌상에 놓는 액막이 떡.

삼색경단 노란 콩가루, 초록 콩가루, 검은 흑임자가루로 고물을 한 떡.

오색경단 삼색경단에 파래가루와 껍질을 벗긴 녹두가루 고물을 더한 떡.

오메기떡 예전에는 도넛처럼 가운데에 구멍을 내고 삶아서 구멍떡이라 불리기도 했음. 제주도에서 많이 먹고 차조가루로 만듦.

떡 들어간 속담 더 알기

떡 사 먹을 양반은 눈꼴부터 다르다
진짜 무슨 일을 하려는 사람은 겉모습만 보아도 알 수 있다는 말.

떡 삶은 물에 중의(中衣) 데치기
떡 삶은 물에 여름용 남자 홑바지인 '중의'를 삶는다는 말로, 한 가지 일을 하면서 다른 일을 겸하여 해치우거나 버린 물건을 이용하여 소득을 본다는 말.

떡에 웃기
떡을 괴거나 담은 뒤 모양을 내기 위해 얹은 '웃기'처럼 겉보기에는 화려하나 실제로는 부수적인 존재에 불과하다는 말.

떡이 별 떡 있지 사람은 별사람 없다
떡의 종류는 많지만 사람은 크게 차이가 없다는 말.

떡 주고 뺨 맞는다
남을 위해 좋은 일을 하고도 도리어 욕을 보거나 화를 입게 되는 경우를 이르는 말.

떡 본 김에 제사 지낸다
우연히 운 좋은 기회에 닿아 하려던 일을 해치운다는 말.

떡은 언제부터 먹었을까요?

우리나라의 떡은 삼국 시대 이전에 만들어졌을 것으로 추정해요. 청동기 시대의 유적인 나진 초도 패총(함경북도 나진 초도리에 있는 조개더미와 주거지 유적)에서 양쪽에 손잡이가 있고 바닥에 구멍이 여러 개 난 시루가 출토되었기 때문이지요.

그 뒤 삼국 시대에 이르러 벼농사가 발달하면서 떡을 많이 먹었습니다. 하늘에 제사를 지내는 제천 의식에 제수 음식으로도 쓰였지요. 고려 시대에는 불교가 번성하면서 차와 함께 떡을 곁들이는 풍속이 유행했어요. 조선 시대에는 잡곡, 콩류, 견과류, 과일, 채소 등 떡을 만드는 부재료가 다양해지면서 맛과 형태, 색깔까지 화려해졌습니다. 오늘날에는 떡에 치즈나 와인, 열대 과일 등 이국적인 재료까지 더하여 점점 더 새롭고 다양한 맛과 모양의 떡이 개발되고 있답니다.

반찬에 관련된 속담

울며 겨자 먹기

구더기 무서워 장 못 담글까

닭 잡아먹고 오리 발 내놓기

돌멩이 갖다 놓고 닭알 되기를 바란다

부뚜막의 소금도 집어넣어야 짜다

어물전 망신은 꼴뚜기가 시킨다

우물에 가 숭늉 찾는다

울며 겨자 먹기

싫은 일을 억지로 하는 것을 이르는 말.

옛날 옛적 어느 마을에 노래를 즐겨 부르는 영감이 살았어요. 그 영감은 얼굴에 주먹만 한 혹이 있어서 혹부리 영감이라고 불렸답니다. 하루는 혹부리 영감이 산에 나무를 하러 갔는데 어느새 날이 어두워졌어요.

"에구머니나, 벌써 날이 저물었네. 어서 내려가야 할 텐데……."

혹부리 영감은 걸음을 재촉했지만 이미 해가 져서 너무 깜깜해져 버렸습니다.

"할 수 없군. 저기 빈집에 들어가서 하룻밤 자고 내일 아침에 내려가야겠다."

혹부리 영감은 아무도 살지 않는 으스스한 빈집에 들어갔습니다. 영감은 무섭기도 하고 심심하기도 해서 흥얼흥얼 노래를 부르기 시작했어요. 그때였습니다. "펑!" 하는 소리와 함께 도깨비들이 혹부리 영감 앞에 나타났지요.

"영감, 방금 그 노랫소리는 어디서 나왔지?"

"노, 노랫소리요? 그, 그게……. 제 혹에서 나왔는데요."

겁에 질린 혹부리 영감은 엉겁결에 말도 안 되는 대답을 하였습니다.

"그래? 그럼 그 혹을 우리한테 줘. 대신 돈을 줄게."

노래를 잘하고 싶었던 도깨비들은 도깨비방망이를 두드려 금은보화를 만들어 주고 혹부리 영감의 혹을 떼어서 어디론가 사라졌습니다. 혹

부리 영감은 보기 싫은 혹을 떼고 큰 부자가 되었습니다. 그 소식은 곧 온 동네에 퍼졌지요. 이웃 마을에 사는 다른 혹부리 영감도 소문을 들었습니다. 그 영감은 욕심쟁이에다가 마음씨가 고약하여 사람들에게 아주 못되게 굴었어요.

"오호라, 혹을 돈으로 바꿨다고? 나에게도 혹이 있으니 이제 부자가 되는 것은 시간문제다. 이게 웬 떡이냐?"

욕심쟁이 혹부리 영감은 그길로 곧장 산에 가서 나무는 하지 않고 대낮부터 빈집에 들어가 다짜고짜로 노래를 불렀습니다. 그러자 "펑!" 소리와 함께 도깨비들이 나타났지요.

"옳거니, 요놈이 제 발로 찾아왔구먼. 뭐라고? 혹에서 노래가 나온다

고? 어디서 거짓말을 해? 이까짓 혹, 너나 다 가져라!"

도깨비들은 노래 잘하는 혹부리 영감의 혹을 욕심쟁이 혹부리 영감의 빰에 떡하니 붙여 주었습니다.

욕심쟁이 혹부리 영감은 너무 놀라고 무서운 나머지 아무 말도 못하고, '울며 겨자 먹기'로 혹을 두 개나 단 채 마을로 내려왔답니다.

영양가 챙기기

겨자는 고추가 들어오기 전, 그러니까 임진왜란 전까지 많이 사용했던 매운 향신료예요. 요즘에는 물냉면에 살짝 넣거나 겨자채를 만들 때 희석시켜 먹지요. 맛과 향이 독특해서 조금만 먹어도 눈물이 찔끔 날 만큼 맵답니다. 그런 겨자를 누가 술술 먹겠어요? '울며 겨자 먹기'는 맵다고 울면서도 겨자를 먹는다는 뜻으로, 싫은 일을 억지로 마지못해 하는 것을 이르는 말입니다.

'평양감사도 저 싫으면 그만이다'라는 말이 있어요. 아무리 좋은 일이라도 하기 싫다는데 억지로 시킬 수는 없다는 뜻이지요. 그렇게 '울며 겨자 먹기'로 일을 해 봐야 무슨 성과가 있을까요? 무엇이든 즐겁게 해야 기분도 좋고 성과도 좋게 나옵니다. 물론 가끔은 하기 싫지만 꼭 해야만 하는 일도 있을 거예요. 그럴 때에도 어차피 해야 하는 일이라면 즐거운 마음으로 하는 게 낫겠지요?

뜻이 비슷한 속담

마음에 없는 염불

하고 싶지 않은 일을 마지못해 하는 것을 이르는 말입니다.

권에 비지떡

먹고 싶지 않은데 자꾸 먹으라고 하니까 먹는 비지떡이라는 뜻으로, 원하지 않는 일을 권유에 못 이겨 억지로 한다는 뜻입니다.

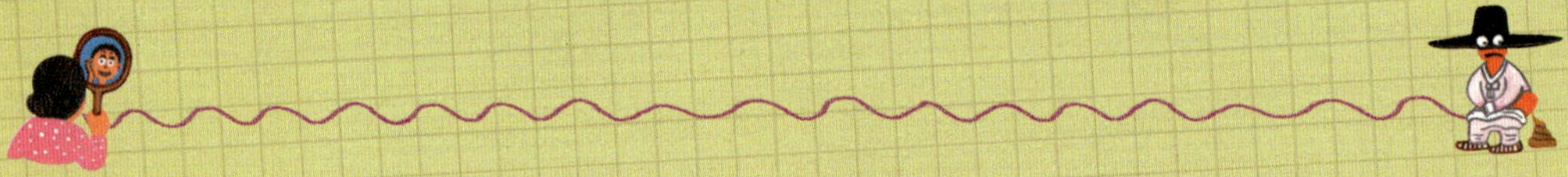

같은 낱말이 들어간 속담

우는 아이 젖 준다

무슨 일이든 원하는 바를 요구해야 쉽게 구하거나 이룰 수 있다는 말입니다.

우는 가슴에 말뚝 박듯

그렇지 않아도 가슴이 아픈데 더욱 큰 상처를 주는 것을 말합니다.

구더기 무서워 장 못 담글까

다소 방해되는 것이 있다 해도 마땅히 할 일은 해야 한다는 말.

우리나라를 대표하는 음식 하면 여러분은 무슨 음식이 떠오르나요? 불고기, 김치, 비빔밥, 된장찌개, 구절판, 전, 갈비, 잡채……. 사람마다 취향이 다르겠지만 아마도 이 중 하나가 아닐까 싶어요.

그런데 이런 음식들은 대부분 된장, 고추장, 간장과 같은 장류를 넣어 맛을 낸답니다. 옛날 사람들은 장을 직접 담궈서 먹었지만 장을 만들려면 시간도 많이 들고 품도 많이 들어서 요즘은 보통 사서 먹는 경우가 많지요. 손수 담근 장맛에 대한 고집이 있는 사람들은 여전히 만들어 먹기도 하고요.

그런데 장은 다른 음식과 달리 보관하는 일도 쉽지가 않습니다. 예부터 우리 고유의 저장 용기인 독에 담아 보관했는데, 종종 독에서 구더기가 굼실굼실 기어 나오는 경우가 있었어요. 날씨가 습해서 독 안의 습도가 높거나, 파리가 독 안에 들어가 알을 스는 바람에 생겼지요. 특히 장이 싱거우면 구더기가 더 잘 생겨요. 그런데 구더기가 생겼더라도 햇빛이 쨍쨍할 때 구더기를 잡고 구더기가 생긴 부분만 깨끗하게 걷어 내면 장을 먹을 수 있습니다. 따라서 구더기가 생길까 봐 무서워서 장을 안 담근다는 것은 너무나 소심한 태도이지요.

일상생활에서도 마찬가지예요. 자전거를 타고 싶은데 넘어질까 봐 무

서워서 안 배우고, 눈썰매나 스키를 배우고 싶지만 행여나 다칠까 봐 시도조차 하지 않으면 즐길 수 있는 기회를 얻지 못합니다. 도전을 통해 얻을 수 있는 성취감도 맛볼 수 없을 테고요.

이처럼 힘들거나 방해되는 일이 있더라도 할 일은 마땅히 해야 한다는 뜻으로 '**구더기 무서워 장 못 담글까**'라는 속담을 씁니다. '가시 무서워 장 못 담그랴', '쉬파리 무서워 장 못 담글까', '범이 무서워 산에 못

가라?' 등 비슷한 뜻의 속담이 많이 전해 오는 것으로 보아 우리 조상들의 추진력과 결연한 의지를 짐작해 볼 수 있어요.

영양가 챙기기

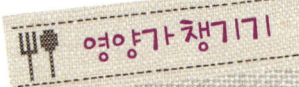

19세기를 대표하는 위대한 인물인 발명왕 에디슨은 평생 동안 천 개가 넘는 특허를 받았습니다. 전구, 축음기, 영사기 등 인류의 삶을 획기적으로 변화시킨 발명품들이지요.

그런데 에디슨이 이 모든 발명품을 단번에 뚝딱 만들어 낸 게 아니에요. '축전지' 실험에서는 가볍고 오래 가는 전지를 만들기 위해 10년 동안 무려 5만 번이 넘는 실험을 했지요. 만일 실패를 두려워했다면 에디슨은 결코 축전지를 만들지 못했을 거예요.

"실험에는 실패가 없습니다. 2만 번 실패하면 2만 번의 지혜가 생깁니다." 실패에 좌절하지 않고 수많은 발명품을 만들어 낸 에디슨의 말입니다.

뜻이 비슷한 속담

참새가 허수아비 무서워 나락 못 먹을까

큰일을 하려면 어느 정도의 위험은 감수해야 한다는 뜻입니다.

장마가 무서워 호박을 못 심겠다

매년 오는 장마가 무서워 호박을 안 심을 수 없듯이 무슨 일이 생길까 봐 걱정이 되더라도 할 일은 해야 한다는 뜻입니다.

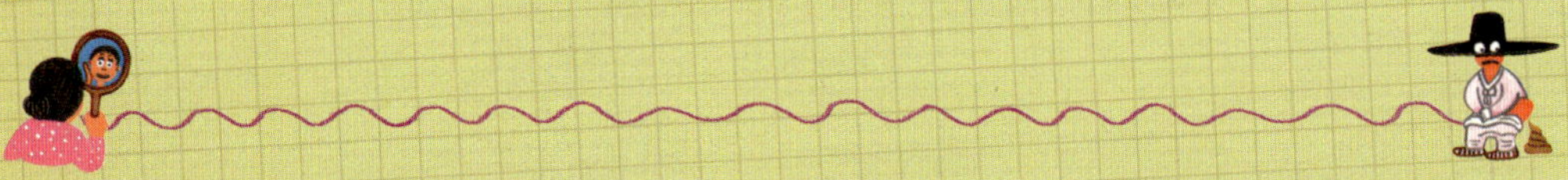

같은 낱말이 들어간 속담

오뉴월 상한 고기에 구더기 끓듯

동물이나 사람이 우글우글 많이 모여 있는 모양을 이르는 말입니다.

구더기 될 놈 관용구

매우 둔하고 어리석은 사람을 놀림조로 이르는 말입니다.

닭 잡아먹고 오리 발 내놓기

옳지 못한 일을 저질러 놓고 엉뚱한 수작으로 속이려 한다는 말.

늙은 사자 왕이 있었습니다. 사자는 너무 늙어서 직접 사냥을 하러 다닐 힘이 없었습니다.

"이대로 있다가는 굶어 죽고 말 거야. 그렇다고 사냥을 하기에는 기력이 딸리는데, 뭐 좋은 수가 없을까?"

곰곰이 궁리한 끝에 사자는 기가 막힌 방법을 찾아냈습니다. 자신이 병들어 죽어 간다는 소문을 퍼뜨린 것이지요.

"사자 왕이 병들었다며? 병문안을 가야 하지 않을까?"

동물들은 병든 사자가 안쓰럽기도 하고, 병이 다 나은 뒤에 왜 병문안을 오지 않았냐며 심술을 부리기라도 할까 봐 하나둘 사자 굴로 찾아

갔습니다.

"오호, 토끼야. 네가 제일 먼저 와 주었구나. 고맙다. 좀 더 가까이 오렴."

다 죽어 간다면서 목소리에 생기가 넘치는 사자가 조금 이상하다 싶었지만 토끼는 사자에게 가까이 갔습니다. 그때였어요. 사자는 재빨리 토끼를 앞발로 누르고 그대로 꿀꺽 삼켜 버렸지요.

다음 날은 염소, 그다음 날은 양. 사자를 찾아간 동물들은 모두 그렇게 사자에게 잡아먹혔습니다.

"진작에 이렇게 할걸. 역시 난 똑똑해. 동물의 왕다워."

사자는 병문안 온 동물들을 잡아먹은 데 대해 아무런 죄책감도 느끼지 않았습니다.

그러던 어느 날, 이번에는 꾀 많은 여우가 병문안을 갔습니다. 한동안 동물들이 찾아오지 않아 잔뜩 굶주린 사자는 내심 기분이 좋았지만 겉으로는 아픈 척 엄살을 떨었어요.

"사자 님, 좀 어떠세요?"

여우는 동굴 밖에서 사자에게 인사를 건넸습니다.

"글쎄, 몸이 점점 더 안 좋아지는구나. 네 얼굴을 가까이서 보면 좀 낫겠는데……."

"아닙니다. 저는 안으로 들어가지 않겠습니다. 그럼 몸조심하세요."

여우는 굴 입구에서 곧장 몸을 돌렸습니다.

"네 이놈, 안으로 들어오라는데 그냥 가겠다니? 지금 내 말을 무시하는 거냐?"

"사자 님, 제가 여기서 보니 굴 속으로 들어간 발자국은 선명한데 나온 발자국은 하나도 없네요. 아닌 게 아니라 요새 소식이 뜸한 동물 친구

들이 꽤 있던데. 설마 '**닭 잡아먹고 오리 발 내놓으시는**' 건 아니지요?"

"뭐, 뭐라고……?"

사자는 아무 말도 할 수 없었습니다.

영양가 챙기기

'닭 잡아먹고 오리 발 내놓기'는 남의 닭을 허락 없이 잡아먹은 뒤 자기가 먹은 것은 닭이 아니고 오리라며 오리 발을 내민다는 말입니다. 옳지 못한 일을 저질러 놓고 엉뚱한 수작으로 속여 넘기려 할 때 주로 쓰는 속담이지요. 물을 엎지른 사람에게 누가 물을 엎질렀냐고 물으니 컵이 저절로 쓰러졌다고 말하는 것과 같아요. 잘못을 인정하지 않고 황당한 핑계나 이유를 대며 책임을 회피하려고 하는 것은 옳지 않습니다. 때로는 잘못한 일 자체보다 속이려 한 것이 상대방의 화를 더 돋우기도 하니까요.

뜻이 비슷한 속담

눈 가리고 아웅

얕은수로 남을 속이려 한다는 말입니다.

혓바닥에 침이나 묻혀라

속이 빤히 들여다보이는 거짓말을 하는 사람에게 그런 얕은 수작은 그만두라고 핀잔하는 말입니다.

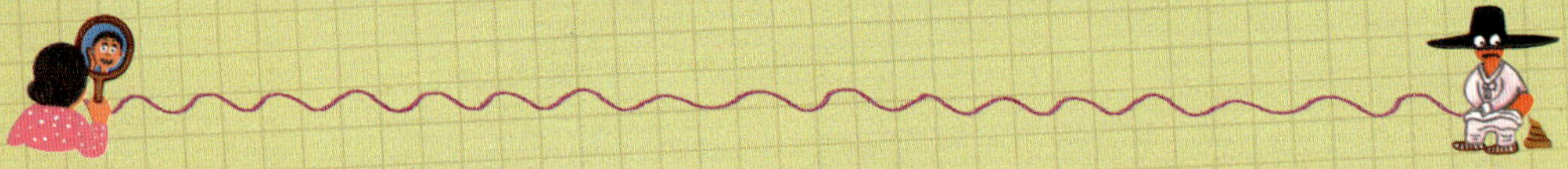

같은 낱말이 들어간 속담

닭 쫓던 개 지붕 쳐다보듯

개에게 쫓기던 닭이 지붕으로 올라가자 개가 쫓아 올라가지 못하고 지붕만 쳐다본다는 뜻으로, 애써 하던 일이 실패로 돌아가거나 어찌할 도리가 없게 된다는 말입니다.

꿩 대신 닭

적당한 것이 없을 때 그와 비슷한 것으로 대신하는 경우를 뜻하는 말입니다.

돌멩이 갖다 놓고 닭알 되기를 바란다

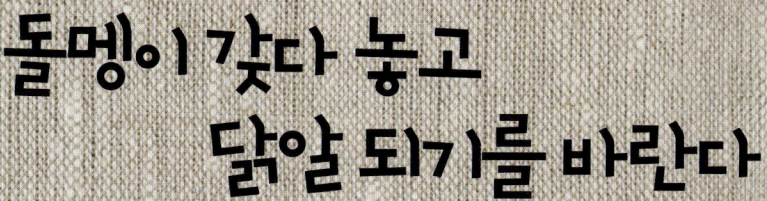

전혀 가망이 없는 일을 기대하는 경우에 하는 말.

옛날 어느 마을에 흥부와 놀부가 살았습니다. 두 사람은 형제였지만 성격이 전혀 딴판이었어요. 욕심꾸러기 형 놀부는 부모에게 재산을 많이 물려받았지만 혼자 재산을 독차지하고 동생 흥부네 가족을 내쫓아 버렸습니다. 그러고는 커다란 기와집에서 떵떵거리며 잘 먹고 잘 살았지요.

흥부네 가족은 다 쓰러져 가는 초가집에서 근근이 입에 풀칠하며 살았어요. 그래도 마음씨 착한 흥부는 형을 미워하지 않았습니다. 아내와 열두 자식을 먹여 살릴 일을 생각하면 갑갑했지만요.

어느 봄날이었습니다. 흥부네 부부는 구렁이를 피하려다 마당으로 떨어진 제비 새끼 한 마리를 발견했어요.

"에구머니, 다리가 부러졌네. 짐승도 살아 있는 생명이거늘 이대로 내버려 둘 수는 없지. 제비야, 아프겠지만 조금만 참으렴."

흥부는 제비 다리에 붕대를 감아 주고 정성껏 돌보았습니다. 늦여름이 되자 제비는 다리가 아물어 겨울을 나기 위해 남쪽 나라로 날아갔습니다.

이듬해 봄, 다시 돌아온 제비는 흥부에게 박씨를 하나 떨어뜨려 주었

어요. 흥부는 박씨를 땅에 심었지요. 시간이 흘러 어느덧 흥부네 집 지붕에 박이 주렁주렁 열렸습니다.

"박이 풍년일세. 이 박도 둥글, 저 박도 둥글구나. 얘들아, 톱을 가지고 오려무나."

늘 배를 곯던 흥부와 가족들은 커다란 박을 보고 잔뜩 신이 났습니다. 박으로 무슨 음식을 만들어 먹을지 상상하면서요.

"슬근슬근 톱질하세. 슬근슬근…… 펑!"

그런데 이게 웬일이에요. 박을 켜자 그 안에서 온갖 보물과 돈이 나왔습니다. 깜짝 놀란 흥부네 식구들은 서둘러 다른 박도 켜 보았어요.

다른 박에서도 갖가지 음식과 옷가지, 진귀한 보물이 우르르 쏟아져 나왔지요. 흥부는 하루아침에 부자가 되었답니다.

한편 그 소식을 전해 들은 놀부는 이만저만 샘이 나는 게 아니었어요.

"흥부, 요놈. 형인 나를 제치고 큰 부자가 되었단 말이지? 괘씸한지고."

놀부는 흥부네 집을 찾아가 자초지종을 들었습니다. 그길로 당장 집에 돌아가 제비 한 마리를 잡았지요. 그러고는 멀쩡한 다리를 일부러 부러뜨리고 붕대를 감아 치료해 주었습니다. 놀부는 이제 요술 박씨를 받아서 더 큰 부자가 될 거라며 쾌재를 불렀지요. 과연 다음 해 봄이 되자, 제비는 놀부에게도 박씨를 물어다 주었습니다.

"옳거니, 박씨를 가지고 왔네. 이제 부자가 되는 것도 시간문제로구나. 히히히."

'**돌멩이 갖다 놓고 닭알 되기를 바란다**'고 놀부는 제비 다리를 일부러 부러뜨려 놓고 자기도 동생처럼 복을 받아 어마어마한 부자가 될 줄 알았어요. 그러나 놀부네 집 지붕에 열린 박들은 켤 때마다 똥이 나오고, 도깨비가 나와 놀부네 가족을 두들겨 패고 놀부의 재산을 모조리 빼앗

자초지종 처음부터 끝까지의 과정.
쾌재 일 따위가 마음먹은 대로 잘되어 만족스러울 때 내는 소리.

아 갔습니다.

사람들은 못된 심보로 하루아침에 거지꼴이 된 놀부에게 손가락질했지만, 흥부는 그러지 않았어요. 형에게 자기 재산의 절반을 나누어 주었지요.

흥부의 착한 마음씨에 감동한 놀부는 그동안 했던 나쁜 짓을 뉘우치고 흥부네 식구들과 함께 행복하게 살았습니다.

영양가 챙기기

'돌멩이 갖다 놓고 닭알(달걀의 북한말) 되기를 바란다'는 속담은 전혀 그렇게 될 가망성이 없는 일을 행여나 하며 기대하는 어리석은 경우에 놀림조로 하는 말입니다. 달걀과 비슷하게 생긴 돌멩이를 갖다 놓고 아무리 품은들 달걀이 될 리 없지요. '군밤에서 싹 나거든', '모래가 싹 난다'도 모두 같은 의미입니다.

'짧은 인생은 시간을 낭비함에 따라 더욱 짧아진다(S. 존슨)'는 말이 있습니다. 지금 이 순간도 여러분의 소중한 시간은 흐르고 있어요. 귀한 시간을 허황된 일에 낭비하지 말고, 해야 할 일에 집중하길 바랍니다.

뜻이 비슷한 속담

볶은 콩에 싹이 날까

불에다 볶은 콩에서 싹이 날 리가 없다는 뜻으로, 아주 가망이 없는 상황을 비유하는 말입니다.

솔방울이 울거든

소나무에 달린 솔방울이 절대로 울 리 없듯이 도저히 이루어질 수 없는 일을 뜻하는 말입니다.

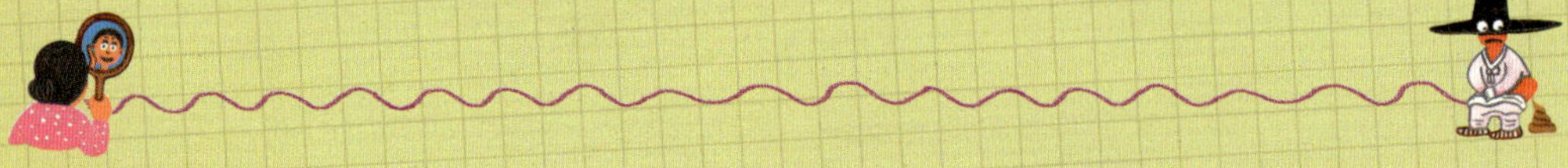

같은 낱말이 들어간 속담

달걀로 바위 치기

맞서도 도저히 이길 수 없는 경우를 비유해 이르는 말입니다.

달걀에도 뼈가 있다

귀하게 얻은 달걀마저 곯은 달걀이더라는 고사에서 유래한 말로, 뜻하지 않은 방해가 끼어 재수가 없는 경우를 이르는 말입니다.

부뚜막의 소금도 집어넣어야 짜다

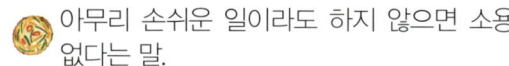

아무리 손쉬운 일이라도 하지 않으면 소용 없다는 말.

옛날 한옥의 부엌을 본 적이 있나요? 그렇다면 부엌에 있는 부뚜막도 보았을 거예요. 부뚜막은 아궁이(불을 때는 구멍) 위에 솥을 걸어 두는 언저리를 말합니다. 흙과 돌을 섞어 편평하게 만든 것으로 일종의 조리대인 셈이지요.

음식을 만드는데 소금으로 간을 맞추지 않으면 맛이 나지 않겠지요? 그런데 그 소금이 부뚜막 위에 있다고 해서 저절로 간이 맞춰지는 것은 아니에요. 소금을

집어서 솥에 넣어야 하지요. 이렇듯 아무리 좋은 물건이 있어도 쓰지 않으면 아무 소용이 없답니다.

여러분과 관련된 학교생활 일화를 살펴볼까요?

곧 있으면 시험이 다가옵니다. 많은 친구들이 공부한 것을 점검하려고 이것저것 문제집을 많이 사 두어요. 상혁이도 그랬습니다. 하지만 책상에 쌓인 문제집들을 보며 뿌듯한 것도 잠시, 언제 다 푸나 슬슬 걱정이 되고 귀찮아졌어요. 이번 시험만큼은 열심히 공부해서 뭔가를 보여주리라 마음먹었는데도 말이지요.

'아, 나도 저 문제집 있는데…….'

'쟤는 언제 저기까지 풀었지? 나도 있으니까 까짓 풀면 되지 뭐.'

상혁이는 친구들을 보며 생각이 많아졌어요. 그런데도 층층이 쌓아 둔 문제집을 보면 부담만 될 뿐 막상 손이 가질 않았지요.

드디어 시험을 보게 되었습니다.

"그 문제 봤어? 이 문제집에 나온 문제랑 비슷했어."

"그렇지? 이 문제집에서도 비슷한 문제가 많이 나왔어."

여기저기에서 화를 돋구는 말들이 들려옵니다. 가지고 있는 문제집을 풀어 보기만 했어도 맞힐 수 있는 문제가 많았는데 결국 풀지 않아

부뚜막의
소금도 집어넣어야
짜다는데…….
완전정복

서 다 틀려 버렸지요. 상혁이의 예에서 보듯 좋은 문제집이 아무리 많아도 공부를 하지 않으면 무용지물• 입니다. **부뚜막의 소금도 집어넣어야 짜듯**이 말이지요.

무용지물 쓸모없는 물건이나 사람.

영양가 챙기기

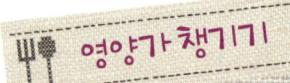

어떤가요? 비단 상혁이만의 이야기는 아닐 거예요. 자기만 갖고 있는 좋은 물건이라고 여기저기 자랑하고는 정작 쓰지 않고 보관만 해 둔 적은 없나요? 아무리 좋은 것이라도 활용하지 않으면 없으니만 못해요. 어떤 것이든 적극적으로 사용할 때 그 진가가 드러나는 법이랍니다.

뜻이 비슷한 속담

구슬이 서 말이어도 꿰어야 보배다

말은 곡식, 액체, 가루 따위의 부피를 잴 때 쓰는 단위예요. 한 말은 열 되로 약 18리터(ℓ)입니다. 서 말이면 아주 많은 양이지요. 이렇게 많은 구슬도 꿰어서 목걸이나 팔찌 등 장신구로 만들어야 쓸 수 있지 그냥 두면 아무런 가치도 없다는 뜻입니다.

가마 속의 콩도 삶아야 먹는다

가마에 먹을 콩이 가득 들어 있어도 익히지 않으면 먹을 수가 없듯 아무리 쉬운 일이라도 하지 않으면 이익을 취할 수 없다는 의미입니다.

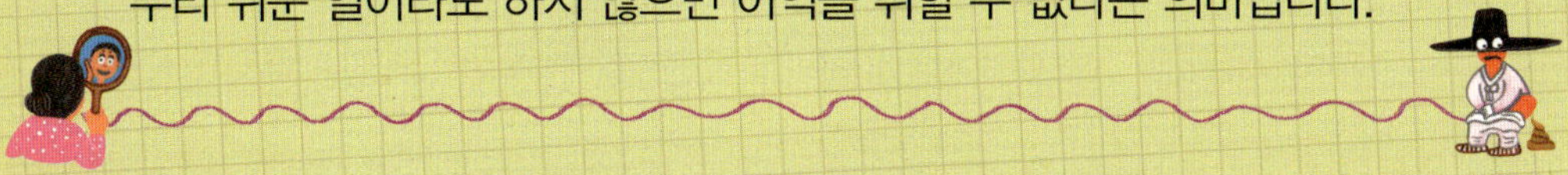

같은 낱말이 들어간 속담

부뚜막 땜질 못하는 며느리 이마의 털만 뽑는다

부뚜막이 갈라져 땜질을 해야 하는데 며느리가 치장하느라고 이마의 털만 뽑고 있다는 뜻으로, 일도 제대로 안 하면서 멋만 부리는 얄미운 행동을 꼬집어 쓰는 말입니다.

얌전한 고양이 부뚜막에 먼저 올라간다

얌전한 고양이라 다른 고양이한테 뒤처질 것 같지만 부뚜막에는 가장 먼저 올라간다는 뜻으로, 평소에는 얌전해 보이지만 기회가 되면 거뜬히 일을 해내는 경우에 하는 말입니다.

어물전 망신은 꼴뚜기가 시킨다

못난 사람이 동료를 망신시킨다는 말.

주로 서해와 남해에서 많이 잡히는 꼴뚜기는 오징어와 비슷하게 생겼지만 크기가 훨씬 작습니다. 보통 6~7센티미터밖에 안 되어서 주로 젓갈을 담가 먹지요.

또한 꼴뚜기는 생김새가 볼품없어서 예로부터 별 볼일 없고 가치가 낮은 것에 비유하여 썼습니다. 어리석은 사람 한 명이 주변의 다른 사람들까지 망신시킨다는 뜻으로 '**어물전 망신은 꼴뚜기가 시킨다**'라고 하지요. 피부가 검은 사람을 놀릴 때 '자주 꼴뚜기를 진장* 발라 구운 듯하다'는 표현을 쓰기도 하고요.

진장 검정콩으로 쑨 메주로 담가 다른 간장보다 빛이 더 까만 간장.

한 사람이 친구나 동료 전체를 망신시키는 일화는 이솝우화에서도 찾아볼 수 있습니다.

한 까마귀가 있었어요. 까마귀는 새들 중에서 가장 멋지고 아름다워 보이길 원했지요. 하지만 자기 몸은 아무리 봐도 온통 까맣기만 했습니다. 그러던 어느 날, 길을 가다가 땅에 떨어져 있는 공작의 깃털을 보았어요. 그걸 몸에 꽂았더니 퍽 화려해 보였지요. 그날부터 까마귀는 새들의 몸에서 떨어진 깃털을 주워다가 자기 몸에 꽂았습니다. 그리고 다른 새들 앞에서 총천연색 깃털을 뽐냈지요.

처음에는 새들도 '어? 저렇게 화려한 까마귀가 있었나?' 하고 신기하게 쳐다보았어요. 그러다가 그 깃털이 자기 것인 줄 알아채고는 모두들

가져가 버렸지요. 결국 까마귀는 꽁지 빠진 닭처럼 초라한 모습이 되었답니다. 그 모습을 본 다른 까마귀들은 “너 때문에 우리까지 우습게 되었잖아.” 하고는 모두 까마귀 곁을 떠나 버렸습니다.

‘어글리 코리언(Ugly Korean)’도 이 속담에 딱 들어맞는 표현이에요. 이 말은 해외여행을 간 한국 사람들이 다른 사람들에게 피해 주는 행동을 많이 한 탓에 생긴 부끄러운 이름이랍니다. 공공장소에서 새치기를 하거나 큰 소리로 떠들면서 돌아다니는 것은 물론, 술을 마시고 다른 사람들이 듣든 말든 목청껏 노래를 부르다가 쫓겨나기도 했습니다. 그

래서 당시에 '한국인 출입 금지'라는 푯말이 붙은 시설이 생겨날 정도였어요. 지금은 국민들의 의식 수준이 높아져서 그런 일은 거의 없지만, 아직도 일부 몰지각한 사람들이 나라 망신을 시키는 경우가 더러 있다고 하니 참으로 부끄럽고 한심한 일입니다. 어물전 망신을 시키는 못난 꼴뚜기가 되지 않도록 주의해야겠어요.

영양가 챙기기

극장이나 영화관 안에서 큰 소리로 떠드는 사람들이 있습니다. 미술관이나 박물관에서 뛰어다니는 어린이들도 있지요. 공연 중에 전화를 하는 사람, 담배꽁초나 휴지를 버리고 바닥에 침을 뱉는 사람, 새치기를 하는 사람 등 '꼴뚜기'가 아니라 '꼴불견'인 사람들이 여전히 참 많습니다.

규칙과 예절을 지켜서 시설이나 문화를 편리하게 이용하고, 내가 누린 혜택을 다른 사람들도 누릴 수 있게 한다면 세상은 더욱 살기 좋아질 거예요.

뜻이 비슷한 속담

미꾸라지 한 마리가 온 웅덩이를 흐려 놓는다

미꾸라지 한 마리가 흙탕물을 일으켜서 웅덩이의 물을 온통 흐리게 한다는 뜻으로, 한 사람의 좋지 않은 행동이 그 집단 전체나 여러 사람에게 나쁜 영향을 미침을 비유하는 말입니다.

실과(과일) 망신은 모과가 시킨다

모과는 다른 과일에 비해 울퉁불퉁 못생겼고 생으로는 먹지 못해요. 동료 전체를 망신시키는 못난 사람을 이런 모과에 빗대어 말합니다.

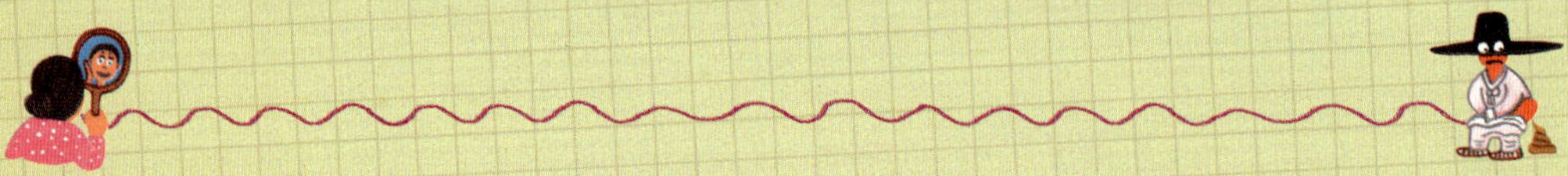

같은 낱말이 들어간 속담

어물전 털어먹고 꼴뚜기 장사 한다

큰 사업에 실패하고 보잘것없는 작은 사업을 시작한다는 뜻입니다.

망둥이가 뛰면 꼴뚜기도 뛴다

남이 한다고 하니까 분별없이 덩달아 나서거나 제 분수는 생각지 않고 잘난 사람을 무작정 따라하는 것을 말합니다.

우물에 가 숭늉 찾는다

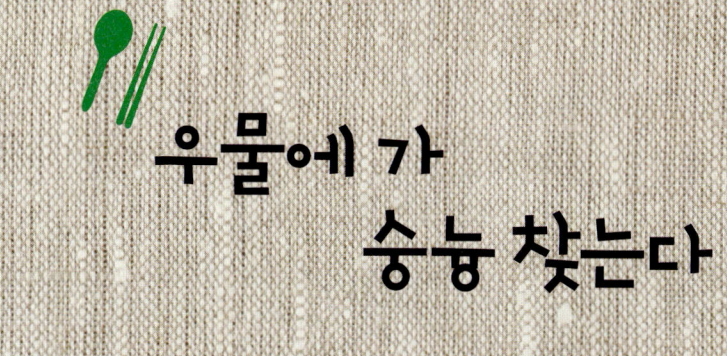

성격이 매우 급하거나 조급하게 일을 하는 경우를 이르는 말.

솥에서 밥을 푼 뒤, 바닥에 눌어붙은 누룽지를 긁지 않고 물을 부어 오랜 시간 은근히 끓이면 구수한 맛이 나는 숭늉이 됩니다. 숭늉은 식후에 입가심으로 마시기도 해요. 이렇게 오래 끓여야 하고, 밥을 먹고 난 뒤에 먹는 음식을 우물가에 가서 찾으니 있을 리가 없지요?

'**우물에 가 숭늉 찾는다**'는 말은 일에는 질서와 차례가 있는 법인데 일의 순서도 모르고 성급하게 덤빈다는 말입니다. '급하면 바늘허리에 실 매어 쓸까', '콩밭에 가서 두부 찾는다', '돼지 꼬리 잡고 순대 달란다', '급하다고 갓 쓰고 똥 싸랴' 등도 같은 의미랍니다. 우리 속담에는 이 같은 표현이 유난히 많습니다. 그만큼 일을 급하게 처리하려는 사람

들이 많다는 의미로도 볼 수 있겠지요.

한국 사람의 성격을 이야기할 때 한마디로 '빨리빨리'라는 말을 씁니다. 무엇이든지 빨리빨리 처리하고, 빨리빨리 답을 듣고 싶어 하는 성향이 강하다는 것입니다. 한국에 머문 적이 있는 외국인들에게 아는 한국말이 있느냐고 물으면 많은 사람들이 이 말을 꺼내기도 해요. '빨리빨리 문화'라는 말까지 생겼을 정도이지요.

바쁜 현대 사회에서 일처리를 빠르게 한다는 것은 장점일 수 있습니다. 그러나 일이라는 것은 반드시 순서가 있고 제대로 처리하려면 시간이 걸리기 마련이지요. 서두른다고 해서 마음처럼 뚝딱 되는 일은 거의 없습니다. 오히려 시간에 쫓기다 보면 실수가 생기고 완성도도 떨어지게 돼요. 꽃씨를 심어 놓고 다음 날 꽃이 피기를 바랄 수 없는 이치와 같습니다.

일이란 빠르게 추진해야 되는 일이 있고, 천천히 시간을 갖고 차근차근 진행해야 되는 일이 있습니다. 각각의 일에 필요한 기간과 완성도를

충분히 고려하여 우선순위를 정한 뒤 꼼꼼하게 해내는 습관을 가져 보세요.

영양가 챙기기

속담 중에 '두더지 땅굴 파듯'이란 말이 있습니다. 두더지는 땅굴을 팔 때 오로지 발로만 팝니다. 다른 도구 없이 딱딱한 땅을 파기가 쉽지 않을 텐데 우직하게 발로 파 내려가지요. 이 속담은 목적한 바를 이루기 위하여 꾸준히 노력하라는 뜻입니다.

중국의 철학자인 공자도 '쉬운 일일지라도 서두르지 말고 작은 이익에 한눈을 팔지 마라. 서두르면 성공하지 못하고 작은 이익에 눈을 팔면 큰일을 이루지 못한다.'고 하였습니다. 어떤 일이든지 급하게 달려들지 말고 일의 순서와 상황을 잘 살펴서 해야 한다는 뜻이지요.

뜻이 비슷한 속담

싸전에 가서 밥 달라고 한다

싸전은 전통 재래시장에서 곡식을 파는 가게인데 그곳에서 밥을 달라고 할 만큼 몹시 성미가 급하다는 뜻입니다.

새벽달 보자고 초저녁부터 기다린다

새벽에 나오는 달을 보려고 초저녁부터 나와 기다린다는 뜻으로 일을 너무 서두른다는 말입니다.

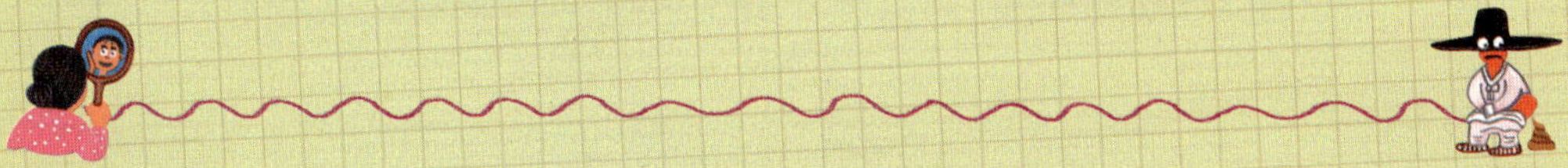

같은 낱말이 들어간 속담

김 안 나는 숭늉이 더 뜨겁다

물이 한창 끓고 있을 때는 김이 나지 않아도 엄청 뜨거운 것처럼, 공연히 떠벌리는 사람보다 가만히 침묵을 지키고 있는 사람이 더 무섭고 야무지다는 말입니다.

숭늉에 물 탄 격

숭늉에 물을 타서 구수한 맛이 없어지고 밍밍하게 되었다는 뜻으로, 매우 싱거운 음식이나 사람, 재미 없는 상황을 비유하는 말입니다.

골고루 먹자! 반찬

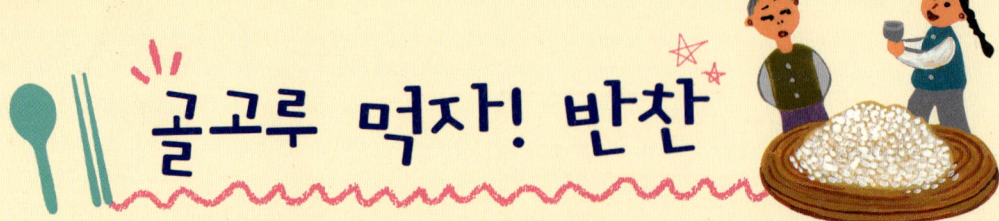

반찬은 밥에 곁들여 먹는 음식입니다. 우리나라는 반찬이 매우 발달한 나라예요. 고기나 생선, 채소 등 갖가지 재료를 구이, 조림, 볶음, 무침, 튀김, 찜 등 다양한 조리법으로 만들어 내지요. 서양에서는 반찬이라는 개념이 거의 없고 동양에서는 반찬을 곁들이는 나라들이 있지만, 우리나라처럼 가짓수가 다양하고 일상적으로 많은 반찬을 놓고 먹는 경우는 드물어요. 재료에 따라, 조리법에 따라 수만 가지 이름으로 변신하는 반찬에 대해 더 알아볼까요?

반찬의 종류에 따른 이름

나물 콩나물 등의 야채나 고사리 등의 산채, 야생초를 삶아서 만든 것을 조미료와 참기름으로 무친 것.(예: 콩나물무침, 시금치무침, 미역무침, 무생채, 도라지나물, 고사리나물, 취나물, 비름나물, 냉이무침, 고구마순무침, 가지나물 등)

볶음 재료를 양념과 함께 뜨거운 불에 볶는 조리법으로 만든 음식.(예: 김치볶음, 제육볶음, 오징어채볶음, 낙지볶음, 버섯볶음 등)

김치류 배추나 무 등을 소금에 절였다가 고춧가루, 파, 마늘, 생강 등의 여러 가지 양념을 넣어 버무린 뒤 발효시킨, 우리나라 고유의 저장 음식.(예: 배추김치, 물김치, 나박김치, 동치미, 겉절이, 깍두기, 오이소박이, 총각김치, 열무김치, 파김치, 갓김치 등)

전 생선이나 고기, 채소 따위를 얇게 썰거나 다져 양념을 한 뒤, 밀가루를 묻혀 기름에 지진 음식.(예: 고기전, 김치전, 생선전, 동그랑땡, 빈대떡 등)

조림 고기나 생선, 야채 등을 양념하여 국물이 거의 없게 바짝 끓여 만든 음식.(예: 두부조림, 장조림 등)

찜 고기나 생선, 야채 등에 갖은 양념을 넣고 찌거나, 국물을 바특하게 넣고

끓이는 조리법으로 만든 음식.(예: 계란찜, 대구찜, 아귀찜 등)

구이 고기나 생선, 야채 등에 양념을 하여 구워 만든 음식.(예: 조기구이, 갈비, 떡갈비, 불고기 등)

전골 잘게 썬 고기에 양념, 채소, 버섯, 해물 등을 섞어 전골냄비에 담고 국물을 조금 부어 끓인 음식.

찌개 뚝배기나 작은 냄비에 국물을 바특하게 잡아 고기, 채소, 두부 등을 넣고, 간장, 된장, 고추장, 젓국 등으로 갖은 양념을 하여 끓인 음식.(예: 김치찌개, 된장찌개 등)

순우리말 반찬 이름

벼락김치 날무, 날배추를 간장에 절여 당장 먹을 수 있게 만든 김치.

박김치 덜 익은 박을 잘게 썰어서 담근 김치.

홀아비김치 무나 배추 한 가지로 담근 김치.

섞박지 절인 배추, 무, 오이를 넓적하게 썰고 고명에 젓국을 쳐서 한데 버무려 담은 뒤, 조기젓 국물을 아주 적게 부어서 익힌 김치.

비늘김치 무를 통째로 저미어 떨어지지 않게 하고 그 틈에 김칫소를 넣어서 통김치와 함께 만든 김치.

구제비젓 생선의 내장으로 담근 젓.

조침젓 여러 가지 물고기를 마구 섞어 만든 젓.

핏골집 순대처럼 돼지의 창자 속에 피를 섞어서 삶아 만든 음식.

콩몽둥이 둥글게 비벼서 길쭉하게 자른 콩엿.

완자 쇠고기를 잘게 이겨 달걀, 두부 등을 섞고 둥글게 빚어 기름에 지진 음식.

죽과 국에 관련된 속담

변덕이 죽 끓듯 한다

국에 덴 놈 냉수 보고도 놀란다

경상도서 죽 쑤는 놈 전라도 가도 죽 쑨다

남의 말 하기는 식은 죽 먹기

두었다가 국 끓여 먹겠느냐

조상에는 정신 없고 팥죽에만 정신이 간다

장 없는 놈이 국 즐긴다

변덕이 죽 끓듯 한다

말이나 행동을 몹시 이랬다저랬다 한다는 말.

여러분은 혹시 죽이 끓는 것을 본 적이 있나요? 한번 끓기 시작하면 뽁뽁 소리와 함께 거품이 여기저기서 튀어 오르며 터집니다. 끓어오르는 곳이 일정하지가 않고 밖으로 튀어나오기도 해요. 저어 주지 않으면 바닥이 금세 눌어붙지요. 불이 세면 순식간에 끓어 넘치기 때문에 불 조절에도 계속 신경을 써야 합니다.

'변덕'이란 이랬다저랬다 잘 변하는 태도나 성질을 뜻해요. 그러니 성질이 죽 끓듯 한다는 것이 얼마나 종잡을 수 없다는 뜻인지 짐작이 가지요?

동화에 보면 변덕이 죽 끓듯 하는 사람들이 많이 나옵니다. 그중에서

신데렐라의 두 언니는 단연 최고입니다.

왕자가 신붓감을 구하기 위해 궁전에서 무도회를 연다는 소문이 파다하자 신데렐라의 의붓 언니들은 이미 자신이 신부가 된 것처럼 호들갑을 떨었어요.

"신데렐라야, 저기 저 파란 드레스 좀 갖고 와 봐. 아니다, 그건 너무 밋밋해. 그래, 저기 저 분홍 드레스를 갖고 와!"

"너는 왜 큰언니 것만 챙기니? 내 신발부터 닦아 줘. 거기 있는 보라색 구두로, 아니 아니 그거 말고. 누가 보라색 구두를 닦으랬니? 분홍색 구두를 닦으라고……."

"누가 드레스 갖고 오래? 모자부터 가지고 와. 아니다, 드레스부터!"

"……."

무도회에 가지도 못하는 신데렐라의 마음 따위는 신경 쓰지도 않고 하녀처럼 부려먹는 언니들이 너무너무 얄밉지요? 게다가 이랬다저랬다 **변덕이 죽 끓듯 하니** 말이에요.

여러분 주위에도 변덕이 죽 끓듯 하는 친구가 있나요? 만약 그런 친구와 모둠 활동을 같이 하면 어떨까요? 자기 마음에 드는 역할을 골라 놓고 다른 친구의 역할이 탐난다며 바꾸자고 하거나, 각자 가져올 준비물을 배정했는데 마음이 바뀌었다며 다시 정하자 하고, 오늘 만나기로

약속해 놓고 다른 친구와 만나기로 했다며 어느새 말을 바꾸면 정말 속상하고 짜증 나겠지요? 그렇게 변덕을 부리면 친구들로부터 미움을 받을 거예요. 마음 내키는 대로 변덕을 부렸을 때 다른 사람이 얼마나 실망하고 속상할지, 입장을 바꾸어 생각할 줄 아는 사람이 되었으면 좋겠습니다.

영양가 챙기기

한번 정한 마음을 절대로 바꾸지 않을 수는 없어요. 막상 정하고 보니 더 좋은 기회가 생기거나, 주변 여건이 바뀌어서 불가피하게 결정을 바꿔야 하는 일도 있을 테니까요.

하지만 기분 내키는 대로 변덕스럽게 바꾸는 것은 안 돼요. 다른 사람과 다 같이 결정한 것이라면 더더욱이요. 다른 사람의 입장을 생각하고 배려할 줄 알아야 합니다. 그리고 매사에 신중하게 결정하는 습관을 키우도록 해요.

뜻이 비슷한 속담

한 입으로 온 까마귀질 한다

말이 이랬다저랬다 하는 사람을 두고 이르는 말입니다.

녹비에 가로왈

사슴 가죽에 쓴 가로왈(曰) 자는 가죽을 잡아당기는 대로 모양이 변해 일(日) 자도 되고 왈(曰) 자도 된다는 의미로, 일정한 주장이나 의견 없이 남의 말만 좇아 이랬다저랬다 한다는 뜻입니다.

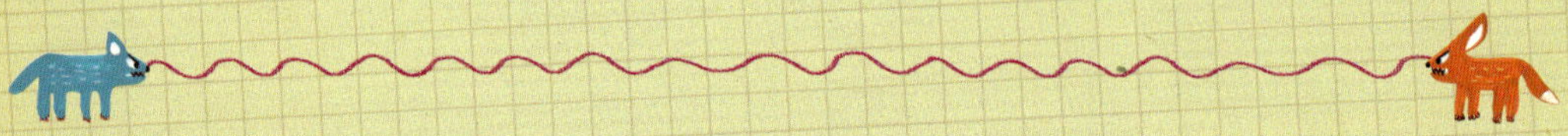

같은 낱말이 들어간 속담

쑨 죽이 밥 될까

일이 이미 글렀기 때문에 후회해도 소용없다는 뜻입니다.

죽과 병은 되어야 한다

죽을 쑬 때 되게 만들어야 좋듯이, 병도 시름시름 오래 앓는 것보다 되게 한 번 앓는 것이 낫다는 말입니다.

국에 덴 놈 냉수 보고도 놀란다

어떤 사물에 한번 혼이 나면 그와 비슷한 것 만 보아도 공연히 겁을 낸다는 말.

김이 모락모락 나는 뜨거운 감자나 고구마가 식탁에 올라오면 뜨거울 거라고 생각하면서도 먹음직스러워 보여 덥석 베어 물게 됩니다. 그러다 입천장을 데기도 하지요. 그러나 언제 그랬냐는 듯 잊어버리고 뜨거운 음식에 또 손을 댑니다.

그렇지만 팔팔 끓는 국처럼 진짜 뜨거운 것에 심하게 데면 화상을 입기도 해요. 그런 경험이 있는 사람은 국그릇에 냉수가 담겨 있는데도 그 기억 때문에 흠칫 놀라 뒤로 물러나겠지요.

'**국에 덴 놈 냉수 보고도 놀란다**'는 속담은 어떤 사물에 몹시 놀란 사람이 비슷한 사물만 보아도 지레 겁을 낸다는 말입니다.

송충이를 무서워하는 사람이 그와 비슷하게 생긴 애벌레만 봐도 기겁을 한다든지, 가시가 목에 걸려서 심하게 고생한 사람이 생선만 봐도 몸서리를 친다든지, 공에 머리를 세게 맞은 사람이 공을 들고 가는 사람만 봐도 화들짝 놀라며 자리를 피하는 것 등이 그런 예이지요.

우리 역사상 가장 위대한 장군이라 칭송받는 이순신 장군의 일화가 있어요.

1592년(선조 25) 4월, 조선 최대의 국난인 임진왜란이 일어났습니다. 임진왜란은 일본이 명나라로 가는 길을 내달라며 일으킨 전쟁으로 무려 7년에 걸쳐 조선을 처참하게 짓밟았어요. 조선군은 혼신을 다했지만 조총으로 무장한 왜군을 막기에는 역부족이었습니다. 이때 전세를 역전

시킨 사람이 바로 이순신 장군이에요. 이순신 장군이 이끄는 함대는 옥포 해전에서부터 노량 해전까지 20여 차례에 이르는 전투를 모두 승리로 이끌어 패배 직전의 조선을 구했어요. 1597년 명량 해전에서는 고작 12척의 함선으로 133척에 이르는 왜군의 함대를 무찔렀지요. 이때 '필사즉생 필생즉사(죽을 각오로 싸우면 살 것이요, 살려고 하면 죽을 것이다)'라는 명언을 남겼습니다.

이순신 장군이 여러 차례의 해전을 승리로 이끌 수 있었던 데에는 이순신 장군의 용맹함과 뛰어난 지략 못지 않게 거북선의 역할이 아주 컸어요. 거북선은 견고하게 만든 군함이에요. 갑판 위에 철갑 덮개를 씌

우고 쇠못을 박아 적군이 오르지 못하게 했지요. 또 안에서는 밖을 볼 수 있지만 밖에서는 안을 들여다 볼 수 없게 했어요. 거북선에 설치된 대포의 성능 또한 무시무시했답니다.

거북선에 맞서다가 겨우 살아남은 왜군은 거북선이라는 소리만 들어도 가슴이 철렁 내려앉았을 거예요. 거북이나 자라만 봐도 "걸음아 날 살려라!" 하고 도망쳤을지도 모르지요.

영양가 챙기기

이순신 장군에게 패한 왜군에게 '거북선 보고 놀란 가슴 자라 보고 놀란다'라는 문구를 쓰면 딱 들어맞지 않을까요? 물론 그런 속담은 없지만요.

여러분도 어떤 것 때문에 혼쭐이 나거나 심하게 놀란 적이 있나요? 그것 때문에 그 비슷한 것만 봐도 공연히 겁을 먹었던 적 말이에요. 정도의 차이는 있겠지만 아마 한두 번쯤은 그런 경험을 해 보았을 거예요. '트라우마(trauma)라는 말이 있어요. 어떤 사고 때문에 정신적인 충격을 받아서 그 사고와 비슷한 상황이 되면 불안해지는 상태를 말하지요. 의학 용어이지만 요즘은 보편적으로 쓰기도 해요. 좋지 않은 기억이나 경험은 잊으려고 노력하는 것이 좋아요. 그 경험이 트라우마로 이어지지 않도록 말이에요.

뜻이 비슷한 속담

몹시 데면 회도 불어 먹는다

뭔가에 심하게 덴 사람은 날것이라 차가운 회조차도 뜨거울까 봐 불어서 먹는다는 뜻입니다.

뜨거운 물에 덴 놈 숭늉 보고도 놀란다

어떤 사물에 몹시 놀란 사람은 비슷한 사물만 보아도 겁을 냄을 이르는 말입니다.

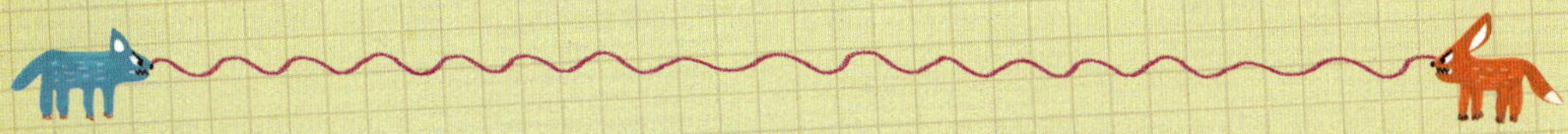

같은 낱말이 들어간 속담

냉수 먹고 속 차려라

현명하게 처신하지 못하는 사람에게 정신을 차리라고 비난하듯 이르는 말입니다.

냉수에 이 부러진다

하찮은 것 때문에 크게 당황스러운 일을 겪는다는 뜻입니다.

경상도서 죽 쑤는 놈 전라도 가도 죽 쑨다

게으르고 가난한 사람은 어디를 가도 그 곤란에서 벗어나기 어렵다는 말.

어느 마을에 게으름뱅이 아들을 둔 어머니가 살았습니다. 게으름뱅이는 얼마나 게으른지 일은 안 하고 하루 종일 집에서 뒹굴거리기만 하였습니다. 심지어 밥 먹는 것조차 귀찮다며 굶기도 했지요.

"얘야, 그러지 말고 밭에 나가 일 좀 하렴. 어떻게 허구한 날 집에서 놀기만 하니? '**경상도서 죽 쑤는 놈 전라도 가도 죽 쑨다**'고 했다. 그렇게 게으름 부리면 평생토록 가난하게 산단 말이다."

어머니는 집에만 있는 아들이 너무나 한심스러워 한마디 했습니다.

"에이, 저렇게 맨날 잔소리만 하니 집에도 못 있겠네."

게으름뱅이는 어머니 말은 들은 척도 않고 집을 나왔어요. 그러다 넓은 밭에 한가로이 누워 있는 소를 보고 '소 신세가 내 신세보다 낫네.' 하며 중얼거렸습니다. 마을 앞 큰 나무를 지나가는데 웬 할아버지가 그늘에 앉아서 무언가를 만들고 있었어요.

"어르신, 그게 뭐예요?"

"이거? 소머리 탈바가지인데 이걸 쓰면 소가 된단다. 너도 한번 써 볼래?"

"네, 써 볼게요. 이걸 쓰면 진짜 누렁소가 되는 거죠?"

게으름뱅이는 밭에 누워 있는 소처럼 편하게 살고 싶은 마음에 앞뒤

생각 없이 덜컥 탈바가지를 썼습니다. 그러자 순식간에 소로 변해 버렸어요. 할아버지는 소가 된 게으름뱅이를 시장으로 끌고 가서 농부에게 팔았습니다.

“이 소는 아주 튼튼해서 일을 잘한답니다. 다만 무를 먹이면 죽으니 절대 먹이지 마시오.”

그날부터 소가 된 게으름뱅이는 하루 종일 밭을 갈고, 수레를 끄는 등 잠시도 쉴 틈 없이 일을 하였습니다.

“힘들게 일만 하다니, 이럴 줄 알았으면 사람일 때 어머니 잘 모시고 부지런히 살걸. 흑흑흑.”

게으름뱅이 아들은 눈물을 흘리며 후회했지만 소용이 없었습니다.

“그래, 이렇게 사느니 죽는 게 나아. 무를 먹으면 죽는다고 했지?”

소가 된 게으름뱅이는 주인이 소홀한 틈을 타 무밭으로 가서 무를 뽑아 먹었습니다. 그러자 이게 웬일입니까? 당연히 죽을 줄 알았는데 다시 사람이 된 거예요! 게으름뱅이는 몹시 기뻐하며 쏜살같이 집으로 달려갔습니다. 그 뒤로 다시는 게으름을 피우지 않고 열심히 살았답니다.

영양가 챙기기

보통 '죽을 쑤다'라는 말은 '어떤 일을 망치거나 실패하다'라는 뜻이에요. '경상도서 죽 쑤는 놈 전라도 가도 죽 쑨다'는 게으른 사람은 어디를 가도 일이 잘될 리 없다는 말이지요. 장소가 바뀐다고 해서 게으른 천성이 바뀌지는 않을 테니까요.

'부지런한 부자는 하늘도 못 막는다'고 하였고, '곡식은 주인네 발자국 소리 듣고 자란다'고 하였습니다. 일이든 공부든 운동이든 부지런히 하면 반드시 결실을 맺는 날이 올 거예요.

뜻이 비슷한 속담

한강이 녹두죽이라도 쪽박이 없어 못 먹겠다

사람이 몹시 게으르고 무심함을 놀림조로 이르는 말입니다.

게으른 일꾼 밭고랑 세듯

게으른 사람이 일은 안 하고 빨리 그 일에서 벗어나고만 싶어 한다는 뜻입니다.

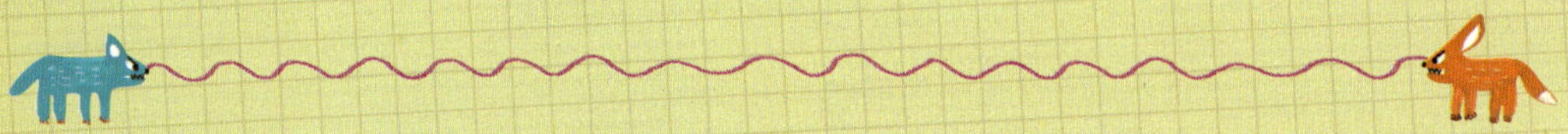

같은 낱말이 들어간 속담

문경이 충청도 되었다가 경상도가 되었다

어떤 일이 이랬다저랬다 한다는 말입니다.

보고도 못 먹는 전라도 곡식

필요한 것을 눈앞에 두고도 마음대로 쓰지 못함을 비유하는 말입니다.

남의 말 하기는 식은 죽 먹기

남의 잘못을 드러내어 말하는 것은 아주 쉽다는 말.

'죽'은 곡식을 오래 끓여 알갱이를 흠씬 무르게 만든 음식입니다. 알갱이가 매우 작고 부드러워서 먹기가 수월하지요. 게다가 뜨겁지 않고 식은 죽이니 얼마나 술술 넘어가겠습니까? 이렇게 남의 잘못을 드러내어 말하거나 흉보는 일은 쉽다는 의미로 '**남의 말 하기는 식은 죽 먹기**'라는 속담을 씁니다.

그러나 '발 없는 말이 천 리 간다'고 말은 한번 내뱉으면 순식간에 퍼지고, 이미 쫙 퍼진 말은 절대로 되돌릴 수 없어요. 게다가 '말은 보태고 떡은 뗀다'는 속담처럼 말은 여러 사람을 거칠수록 없는 말이 보태어지거나 있는 말이 빠지면서 원래 뜻과 다르게 변하기도 합니다. 처음에 자기가 한 말과 다른 사람들에게 다시 전해 들은 말은 왜곡되거나 사실보다 훨씬 크게 부풀려지기 마련이지요. 따라서 남의 험담을 하는 것이 식은 죽 먹기처럼 쉽다고 하여 함부로 해서는 안 됩니다.

여러분 주변에 유독 남의 험담을 잘하는 친구가 있나요? "누구는 운동을 못한다. 누구는 친구를 무시한다. 누구는 너무 뚱뚱하고 못생겼다."

등 입만 열면 다른 친구를 헐뜯는 친구가 한 명쯤은 꼭 있을 거예요.

그런 친구와 있다 보면 계속 부정적인 이야기만 듣게 됩니다. 좋은 말도 여러 번 들으면 싫증 난다는데, 나쁜 말이야 두말할 필요가 없겠지요?

탈무드에 '세 딸을 둔 아버지의 이야기'가 있습니다. 세 딸은 모두 미인이었지만 한 가지씩 흠이 있었지요. 큰딸은 게으르고, 둘째 딸은 남의 물건을 훔치는 버릇이 있었으며, 셋째 딸은 남의 험담을 즐겨 했습니다. 딸들이 시집 갈 나이가 되자 이웃 마을에 세 아들을 둔 남자가 찾아와서 세 딸을 모두 며느리로 삼겠다고 했어요. 아버지는 딸들의 단점을 솔직하게 털어놓았지만 남자는 자신이 책임지고 고쳐 놓겠다며 설득했지요.

며느리를 맞이한 시아버지는 게으른 큰며느리에게는 하인들을 여럿 거느리게 하여 일에 재미를 붙이게 했고, 도벽이 있는 며느리에게는 창고 열쇠를 주며 갖고 싶은 것을 다 가지라고 하였습니다. 험담을 즐겨 하는 막내며느리에게는 원하는 만큼 실컷 남의 험담을 하라고 했지요.

얼마 뒤 세 딸의 아버지는 시집 간 딸들이 어떻게 살고 있는지 궁금하여 딸네 집에 가 보았습니다. 세 딸은 쪼르르 달려 나와 반기며 각자 어떻게 살고 있는지 이야기하였습니다. 먼저 큰딸은 하인들과 함께 일하는 것이 즐겁고, 조금씩 일하는 재미를 느끼고 있다고 했습니다. 둘째 딸도 원하는 것을 마음대로 가질 수 있어서 도벽이 없어졌다며 결혼 생활이 얼마나 행복한지에 대해 조잘조잘 떠들었지요. 그러나 막내딸은 달랐어요. 시아버지의 험담을 늘어 놓으면서 결혼 생활의 고충을 털어놓았습니다. 막내딸을 보고 아버지는 생각했어요. '게으름도, 도벽도

모두 고칠 수 있지만 험담하는 버릇은 고치기가 어렵구나.' 하고 말이지요.

영양가 챙기기

'말이 많으면 쓸 말이 적다'고 하였습니다. 말을 많이 하다 보면 불필요한 말까지 늘어놓게 되고 그만큼 쓸 말이 적어지니 말을 삼가라는 뜻이에요. 남을 헐뜯기 좋아하는 사람 치고 신중한 사람이 없지요. 신중한 사람이라면 남의 허물을 이야기하기 전에 자신을 먼저 돌아볼 테니까요. 다른 사람의 약점을 떠벌리기보다는 칭찬을 식은 죽 먹기처럼 해 보면 어떨까요?

뜻이 비슷한 속담

내 말은 남이 하고 남 말은 내가 한다

누구나 다 남의 말 하기를 좋아한다는 뜻입니다.

말로는 못할 말이 없다

실제 행동이나 책임이 뒤따르지 않는 말은 누구나 쉽게 할 수 있다는 말입니다.

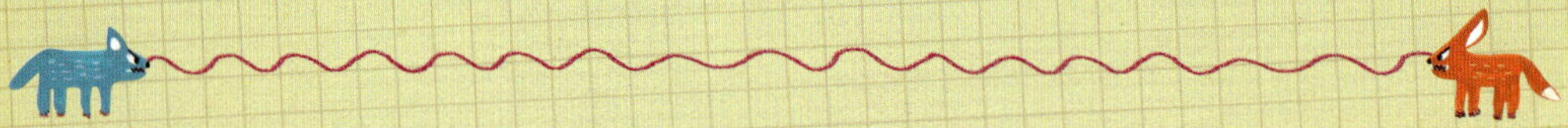

같은 낱말이 들어간 속담

말 한마디에 천 냥 빚도 갚는다

말만 잘하면 어려운 일이나 불가능해 보이는 일도 해결할 수 있다는 뜻입니다.

가는 말이 고와야 오는 말이 곱다

자기가 남에게 말이나 행동을 좋게 하여야 남도 자기에게 좋게 한다는 말입니다.

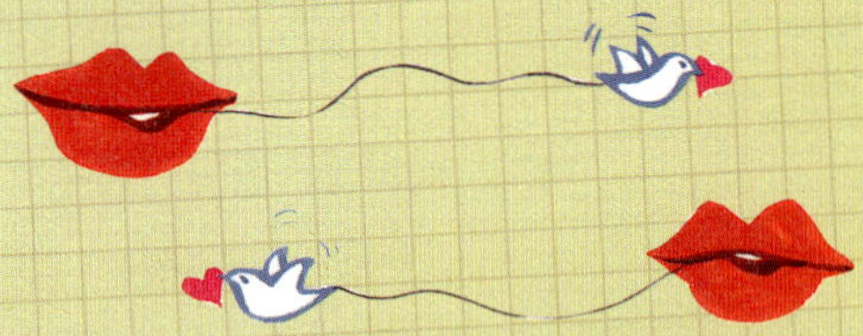

두었다가 국 끓여 먹겠느냐

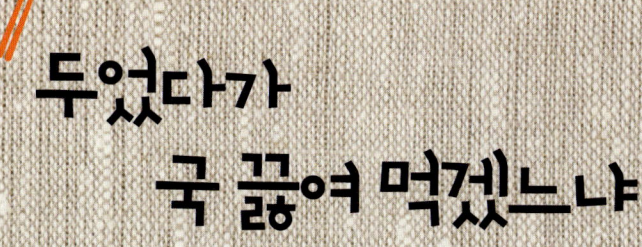

쓸 것을 쓰지 않고 너무 아껴 둔다는 말.

옛날 어느 마을에 지독한 구두쇠가 살았습니다. 옷이나 신발은 닳아 없어질 때까지 그것만 입고, 밥은 공짜로 얻어먹기 일쑤였지요. 버린 물건을 주워다 쓰는 것은 물론, 돈이 생기면 무조건 항아리에 담아 땅속에 묻어 두었습니다. 그리고 항아리에 든 돈을 보는 낙으로 살았지요.

"오, 나의 사랑스러운 돈! 오늘도 잘 있었느냐?"

구두쇠는 돈이 마치 자식이라도 되는 양 어루만지며 말하였습니다.

한편, 구두쇠의 집에는 하인이 하나 있었습니다. 하인은 평소 주인이 일만 많이 시키고 품삯을 잘 주지 않아 불만이 많았지요. 그런데 주인이 밤마다 뒷마당으로 나가는 거예요.

"참, 이상해. 주인어른은 왜 비가 오나 눈이 오나 밤이면 뒷마당에 나가는 거지?"

주인의 행동을 수상하게 여긴 하인은 어느 날, 주인이 없는 틈을 타서 땅을 파 보았습니다.

"우아, 이게 다 뭐야? 돈이잖아!"

하인은 항아리에 가득 담긴 돈을 보고 입이 귀에 걸렸습니다. 서둘러

돈을 다 꺼내고는 돈 대신 돌을 채워 놓고 달아났지요.

다음 날, 항아리를 본 구두쇠는 땅을 치며 펑펑 울었습니다.

"아이고, 세상에 내 피 같은 돈이 다 없어졌네. 아이고 내 돈……."

구두쇠의 사정은 곧 온 마을에 퍼졌어요. 며칠 후, 소문을 들은 이웃집 할머니가 밥 한 술 제대로 뜨지 못하는 구두쇠에게 미음 한 사발을 가져다주며 말했습니다.

"이거 먹고 기운 차리게. '**두었다가 국 끓여 먹겠느냐**'란 말도 있지 않은가. 무릇 돈이란 써야 할 때 써야지 그렇게 아끼기만 한다고 좋은 게 아니라네. 어차피 있어도 쓰지 않았을 돈이니 그냥 그 돌을 돈이라고 여기게."

그제야 구두쇠는 후회했지만 소용이 없었습니다. 아무리 안 쓰기로서니 돌을 돈이라고 여기기란 쉬운 일이 아니니까요.

영양가 챙기기

새로 산 학용품이나 장난감, 신발 등을 아낀다며 쓰지 않고 오래 보관한 적이 있나요? 이럴 때 어른들이 하는 말이 있어요. '아끼다 똥 된다'는 말이지요. 물건을 아끼기만 하다가 정작 잃어버리거나 못 쓰게 된다는 뜻입니다. 쓰지 않고 두려면 굳이 살 이유가 없잖아요. 필요해서 산 것이니 요긴하게 잘 쓰는 것도 지혜로운 소비랍니다.

심하게 아끼기만 하는 것도 문제지만 아끼지 않고 헤프게 쓰는 것도 좋지 않아요. '묵은 장 쓰듯', '조자룡이 헌 창 쓰듯' 흥청망청 써 대면 정말 필요할 때 없어서 곤란한 상황에 이르거든요. 아끼되 필요할 때 적절히 쓸 줄 아는 합리적인 소비 습관을 갖추도록 해요.

뜻이 비슷한 속담

짚신을 뒤집어 신는다

짚신을 오래 신기 위하여 뒤집어서 신는다는 뜻으로, 아끼는 게 도가 지나쳐 몹시 인색한 사람을 비유하는 말입니다.

언제 쓰자는 하늘타리냐

아무리 좋은 것이라도 필요할 때 쓰지 않고 쌓아 두기만 하면 소용이 없다는 말입니다.

하늘타리 열매는 화장품 재료로 쓰고 뿌리와 씨는 약으로 쓰는 박과의 덩굴풀.

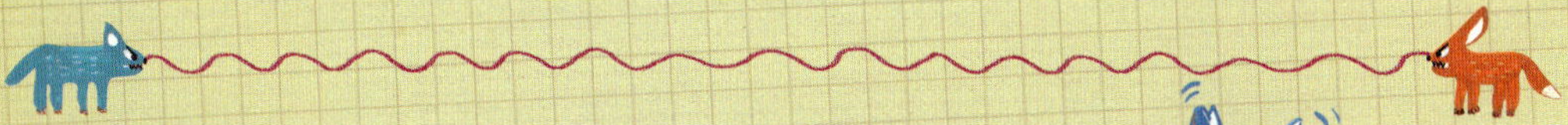

같은 낱말이 들어간 속담

자식 둔 부모 근심 놓을 날 없다

자식에 대한 부모의 사랑과 걱정은 끝이 없음을 이르는 말입니다. 같은 의미로 '자식 둔 부모는 알 둔 새 같다'는 속담도 있지요.

좁쌀 한 섬 두고 흉년 들기를 기다린다

변변하지 못한 것을 가지고 있으면서 남이 아쉬운 때를 기회로 삼아 큰 이득을 보려 하는 것을 이르는 말입니다.

조상에는 정신 없고 팥죽에만 정신이 간다

해야 할 일은 안 하고 잇속을 차리는 일에만 눈을 밝히는 경우를 비꼬는 말.

팥죽은 동짓날 쑤어 먹는 음식으로, '조상'을 갔을 때 먹는 음식이기도 합니다. 조상은 다른 사람의 죽음을 슬퍼하는 뜻을 담아 상주를 위문하러 가는 것이지요. 따라서 '**조상에는 정신 없고 팥죽에만 정신이 간다**'는 속담은 죽은 사람을 조상하는 데에 마음을 다하지 않고 팥죽을 얻어먹는 데에만 눈을 밝힌다는 의미예요. 정작 자기가 해야 할 일은 안 하고 잇속을 차리는 일에만 열중하는 경우를 비꼬는 말이지요. 이솝 우화에 이 속담과 잘 들어맞는 이야기가 있답니다.

어느 날, 배가 고파 먹을 것이 없나 두리번거리던 개가 우연히 길가에서 고깃덩어리를 발견했습니다.

"하하, 오늘은 정말 재수가 좋네. 이렇게 맛있는 먹이를 발견하다니."

개는 얼른 고깃덩어리를 입에 물었습니다. 그때였어요.

"이봐, 그 고기에서 입을 떼. 그건 내 거야."

바로 뒤에서 여우가 말했습니다.

"뭐라고? 그게 무슨 말이야? 이건 내가 발견한 거라고!"

"무슨 소리! 이 고깃덩어리는 내가 물고 가다가 떨어뜨린 거야."

개와 여우는 계속 티격태격하면서 고깃덩어리를 서로 자기 것이라고 우겼습니다. 그때 이 광경을 지켜보던 원숭이가 말하였습니다.

"별것도 아닌데 왜 싸우니? 반씩 사이좋게 나눠 먹으면 되잖아. 내가 나눠 줄게."

"그래? 그럼 우리 고기를 정확하게 반으로 나눠 줘."

개와 여우는 공평하게 나눠 달라며 원숭이에게 고깃덩어리를 맡겼습

니다. 원숭이가 고깃덩어리를 잘랐는데 그만 한쪽이 더 크게 잘렸어요.

"어? 한쪽이 더 크네. 미안. 똑같이 잘라 줄게."

처음에 원숭이는 개와 여우의 다툼을 해결해 주려고 했습니다. 하지만 막상 고기 맛을 보니 자기가 다 먹고 싶어졌어요. 그래서 큰 쪽의 고깃덩어리를 푹 떼어 먹고는 이번엔 다른 쪽이 더 크다며 또 떼어 먹었습니다. 개와 여우는 서로 상대방이 더 많이 먹게 될까 봐 원숭이가 계속해서 먹는데도 쳐다보고만 있었지요.

"어? 이런! 고기가 하나도 안 남았잖아? 그걸 다 먹으면 어떡해?"

결국 고깃덩어리가 다 없어지고 나서야 개와 여우는 당황해서 소리쳤습니다.

"미안. 똑같이 나눠 주려고 했는데 잘 안 되었네. 어쨌거나 덕분에 잘 먹었어."

원숭이는 얄밉게 말하고는 총총히 사라졌습니다.

영양가 챙기기

겉으로는 공정한 척하면서 실제로는 교활하게 남을 속이고 제 잇속을 차린 원숭이가 참 얄밉지요? 원숭이가 제대로 중재할 마음이 있었다면 개와 여우에게 고깃덩어리를 똑같이 나눠 줬을 거예요. 하지만 자기가 할 일은 안 하고 결국 '팥죽에만 정신이 팔려' 고깃덩어리를 다 먹었네요. 자기 먹을 것만 생각하던 개와 여우도 잘한 것은 없지만요.

원숭이처럼 자신이 해야 할 일은 안 하고 자기 욕심만 채우려는 이기적인 사람들이 종종 있어요. 그런데 계속 그렇게 원숭이처럼 굴면 곁에 있던 친구들이 하나둘씩 떠나고 결국 외로워질 거예요. 우화에 나오는 원숭이 같은 사람은 되지 말아야겠지요?

뜻이 비슷한 속담

염불에는 맘이 없고 잿밥에만 맘이 있다

맡은 일에는 정성을 쏟지 않으면서 잇속에만 마음을 두는 경우를 이르는 말입니다.

절에 간 색시 재에는 뜻이 없고 재밥(잿밥의 북한말)에만 눈이 간다

자기가 마땅히 하여야 할 일에는 마음을 쓰지 아니하고 잇속을 채울 일에만 관심을 기울인다는 뜻입니다.

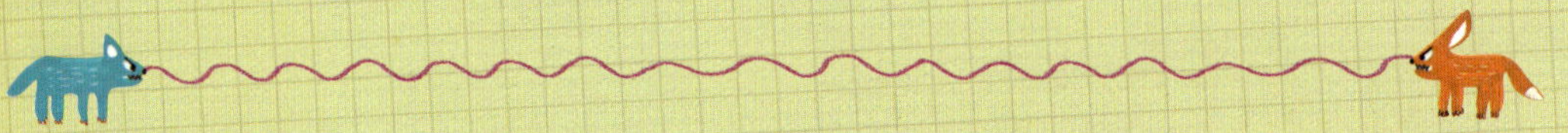

같은 낱말이 들어간 속담

자기 자식에겐 팥죽 주고 의붓자식에겐 콩죽 준다

친자식만 사랑하고 의붓자식은 미워함을 콩쥐팥쥐 이야기에 비유하여 이르는 말입니다.

압록강이 팥죽이라도 굶어 죽겠다

압록강이 팥죽처럼 많아도 게을러서 움직이기를 싫어하면 굶어 죽는다는 뜻으로, 몹시 게으른 사람을 비꼬는 말입니다.

장 없는 놈이 국 즐긴다

분수에 맞지 않게 사치하는 경우를
이르는 말.

옛날에 사치스러운 농부가 살았습니다. 농부는 논밭을 갈고 일을 하기보다 어떻게 하면 마음껏 돈을 쓸 수 있을까만 생각했어요. 부모님이 물려준 재산은 이미 흥청망청 다 써 버렸고, 농사지을 땅이 변변한 것도 아니어서 가족들은 늘 먹고살기에 급급했지요.

"아, 우리 아버지는 집안 형편이 이렇게 어려운데 어째서 일할 생각을 하지 않는 걸까?"

"올해는 흉년이 들어서 먹을 양식도 없는데……. 이 삯바느질만으로는 턱도 없이 부족한데 어떡하나……."

"벌이는 시원찮은데 돈 쓸 궁리만 하니, 원."

"애비가 정신을 차려야 할 텐데, 큰일이구먼."

가족들은 모두들 힘들어하며 농부를 원망했습니다. 그러나 농부는 가족들의 고통은 아랑곳하지 않고 오로지 더 비싼 옷, 더 멋진 물건만 갖고 싶어했지요.

"이것도 갖고 싶고, 저것도 갖고 싶어. 부자가 되면 전부 다 가질 수 있을 텐데……. 손에 닿는 것이 모두 황금으로 변하면 얼마나 좋을까?"

농부는 방에 누워 문풍지에 풀칠을 하는 아내를 바라보면서 혼잣말

을 하였습니다. 그런데 이게 웬일이에요. 별안간 신기한 일이 일어났습니다. 농부가 밖으로 나가려고 문고리를 잡자 문고리가 순식간에 황금으로 변한 거예요.

"세상에, 이럴 수가!"

농부는 뛸 듯이 기뻐하며 다른 물건을 만져 보았습니다. 그러자 만지는 족족 모두 황금으로 변했지요.

"이제 나는 세상에서 제일가는 부자다!"

신이 난 농부는 황금이 된 물건들을 둘러보았습니다. 어서 물건들을 팔아 물쓰듯 돈을 쓰고 싶었지요. 그러나 금강산이 아무리 멋져도 배가 불러야 구경할 기운이 난다는 말처럼 우선 배고픔부터 달래야 했어요. 농부는 아내에게 어서 황금을 팔라고 시켰습니다.

이윽고 아내가 맛있는 음식들을 준비했습니다. 그런데 농부는 산해진미•를 앞에 두고도 음식을 먹을 수가 없었어요. 손을 대는 족족 음식이 황금으로 변했거든요. 옷을 입으려 해도 마찬가지였습니다. 손이 닿기만 해도 딱딱한 금으로 변해 버려 입을 수 없었지요. 소문은 삽시간에 온 동네에 퍼졌습니다. 동네 사람들은 농부의 손이 자신의 몸에 닿을까 봐 슬슬 피했어요.

산해진미 산과 바다에서 나는 온갖 진귀한 재료로 만든 맛 좋은 음식.

"'장 없는 놈이 국 즐긴다'고 분수에 맞지 않게 사치를 부리더니, 꼴 좋구먼."

"그러게요. 황금이고 뭐고 다 소용 없네요. 그저 열심히 일해서 먹고 사는 게 제일이지요."

먹지 못해 시름시름 앓는 농부를 보고 사람들은 저마다 한마디씩 했답니다.

영양가 챙기기

우리나라 상차림에서 국은 빼놓을 수 없는 음식입니다. 국의 맛을 내기 위해서는 된장이나 간장으로 간을 해야 하지요. '장 없는 놈이 국 즐긴다'는 속담은 장도 없으면서 국을 즐긴다는 뜻으로, 가진 것도 없으면서 분수에 맞지 않게 사치를 부리는 경우를 비유하는 말입니다. 이런 사람에게 충고하기에 알맞은 속담으로는 '가늘게 먹고 가늘게 살아라'를 들 수 있어요. 검소하고 소박하게 살라는 뜻이지요. 분수에 맞지 않게 호화로운 생활을 추구하거나 분에 넘치는 행동을 하지 말라는 의미랍니다.

뜻이 비슷한 속담

소금 먹던 게 장을 먹으면 조갈병에 죽는다

소금만 먹던 이가 장맛에 반해 마구 먹다가는 몹시 목이 마른다는 뜻으로, 없이 살던 사람에게 돈이 좀 생기면 사치에 빠지기 쉽다는 말입니다.

산호 기둥에 호박 주추다

귀한 산호로 기둥을 세우고 값진 호박(보석의 일종)으로 주춧돌을 놓았다는 뜻으로, 매우 사치스럽고 호화롭게 꾸미고 사는 삶을 비유하는 말입니다.

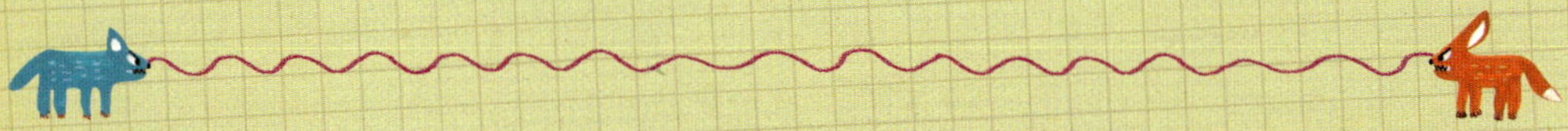

같은 낱말이 들어간 속담

장 단 집에는 가도 말 단 집에는 가지 마라

듣기 좋은 말만 하면서 아첨하는 사람을 조심해야 한다는 뜻입니다.

장이 달아야 국이 달다

무엇이든지 기초가 좋아야 그 결과도 좋다는 뜻입니다.

후후 불어 먹자! 국과 죽

예부터 반찬과 함께 국은 부식으로 상에 올랐습니다. 국이 없으면 밥을 먹지 못할 정도로 밥상에서 차지하는 비중이 크지요. 국을 한자로는 탕(湯)이라고도 해요. 채소류, 어패류, 육류 등 다양한 재료를 넣고 물을 많이 부어 끓인 음식이지요. 토장국, 맑은장국, 곰국, 냉국 등으로 다채롭게 조리해요.

그런가 하면 국과 비슷한 국물 요리인 죽도 다양하게 발전해 왔습니다. 곡물을 기본 재료로 하여 육류, 채소류, 어패류, 해조류 등 다양한 재료를 섞어서 만들어요. 곡물은 쌀 종류를 기본으로 하되 쌀 이외의 곡물을 쓰기도 합니다. 율무죽, 팥죽, 콩죽, 청태콩죽, 녹두죽 등 죽의 종류만 약 40여 종에 이르지요. 국과 죽에 대해서 더 알아볼까요?

국의 종류

토장국 된장을 쌀뜨물에 넣고 끓인 국으로 구수하면서도 깊은 맛이 납니다. 대개 멸치로 국물을 우리지만 겨울철에는 더 깊은 맛을 내기 위해 쇠뼈를 고은 국물을 쓰기도 해요.

맑은 장국 간장으로 간을 맞추어 맑게 끓인 국입니다. 격식을 갖춘 밥상에 차려 내지요. 건더기는 쇠고기, 생선류, 채소류, 해조류 등 다양하게 넣어요.

곰국 쇠머리, 사골, 도가니, 양지머리, 갈비, 꼬리, 양, 곱창, 곤자소니 등 소의 여러 부위를 몇 시간 동안 푹 고아서 국물에 맛과 영양이 우러나게 끓인 국입니다.

냉국 차게 해서 먹는 국으로 오이냉국, 미역냉국 등 주로 새콤하게 간을 해요.

순우리말 국 이름

국수원밥숭이 흰밥과 국수를 넣고 끓인 떡국.

첫국밥 아이를 낳은 뒤 산모가 처음으로 먹는 미역국과 흰밥.

국말이 국에 만 밥이나 국수.

꽃물 곰국, 설렁탕 등의 진한 국물.

죽의 이름도 가지가지!

흰죽 흰쌀을 물에 불려 갈아서 물을 붓고 끓인 죽.

미음 곡물이 매우 무르게 푹 익혀서 체에 밭쳐 껍질을 걸러 낸 것으로 죽보다 묽은 음식.

암죽 곡식이나 밤 등의 가루를 밥물에 타서 묽게 끓인 죽.

죽이 들어간 속담 더!

죽 끓듯 하다
화나 분통 따위의 감정을 참지 못하여 마음속이 부글부글 끓어오르다.

죽도 밥도 안 되다
어중간하여 이것도 저것도 안 되다.

죽을 쑤다
어떤 일을 망치거나 실패하다.

죽이 끓는지 밥이 끓는지 모른다
일이 어떻게 되어 가는지 도무지 모른다.

죽 쑤어 식힐 동안이 급하다
어떤 일을 이루는 데 눈앞에 다다른 마지막 시기가 사람을 초조하게 만든다.

과일과 채소에 관련된 속담

수박 겉 핥기

감나무 밑에 누워서 홍시 떨어지기를 기다린다

개밥에 도토리

남의 잔치에 감 놓아라 배 놓아라 한다

작은 고추가 더 맵다

콩 심은 데 콩 나고 팥 심은 데 팥 난다

호박이 넝쿨째로 굴러떨어졌다

수박 겉 핥기

사물이나 사건의 진짜 속 내용은 모르고 겉만 건드린다는 말.

민서는 여름 방학이 되자마자 2학기에 있을 독서 골든벨을 준비하기 위해 책을 샀습니다. 무려 열 권이나 되고 책마다 글밥도 꽤 많은 편이었지만 방학 내내 읽으면 되겠지 생각했어요. 열 권 중 일곱 권은 민서가 좋아하는 동화와 역사, 과학에 관한 책이고 나머지 세 권은 수학, 경제, 문화에 관한 책이었습니다. 우선 경제에 관한 책을 펼쳤는데 생각보다 내용이 너무 많고 지루했어요.

'그래, 하루에 다 읽을 수는 없잖아. 시간도 많은데 뭘. 일단 읽고 싶은 책부터 읽자.'

민서는 자신이 좋아하는 책 위주로 읽었습니다. 그중에서도 동화는 정말 재미있어서 여러 번 읽고 또 읽었지요.

어느덧 시간이 흘러 방학이 채 일주일도 남지 않았습니다. 그런데 문제가 생겼어요. 경제, 수학, 문화에 관련된 책들을 한 번도 읽지 않은 거예요. 쉽사리 손에 잡히지 않아 차일피일 미루다 보니 결국 들춰 보지도 못했지요.

민서는 슬슬 걱정이 되기 시작했습니다. 이제라도 읽어야겠다고 마음먹고 책을 한 권 집어들었어요. 막상 읽다 보니 그럭저럭 읽을 만해서 끝까지 읽었어요. 그러나 두 권은 결국 개학 전날에야 '**수박 겉 핥기**' 식으로 대충 훑어볼 수밖에 없었습니다. 독서 골든벨에는 제발 이 두 권에서 문제가 나오지 않길 바라면서요.

직업
가게
수박
겉 핥기 식으로
읽었더니…….

하지만 그런 일은 일어나지 않았습니다. 내용을 정확히 이해하지 못하고 대충 훑어본 책에서 나온 문제에는 답을 쓸 수가 없었지요. 그날 저녁 민서는 아쉬운 마음에 '**수박 겉 핥기**' 식으로 읽은 책들을 다시 찬찬히 읽어 보기로 마음먹었습니다.

영양가 챙기기

맛있는 수박을 먹겠다면서 두껍고 딱딱한 겉만 핥으면 껍질 속의 달콤한 맛을 알 수 없겠지요? '수박 겉 핥기'는 말 그대로 사물의 속은 모르고 겉만 건드린다는 것입니다. '수박은 쪼개서 먹어 봐야 안다'도 같은 의미의 속담이랍니다.

여러분도 민서와 같은 경험을 한 적이 있을 거예요. 설렁설렁 대충 공부하면 막상 문제를 풀 때 헷갈리고, 답을 쓰기가 어렵지요. 하나를 공부해도 꼼꼼히 살펴보고 이해하는 습관을 길러야 해요. 어떤 일을 겉치레로 하거나 형식적으로 해서는 성과를 거둘 수 없다는 걸 잊지 마세요.

뜻이 비슷한 속담

거미줄로 방귀 동이듯

지극히 약한 거미줄로 형체도 없는 방귀를 동여맨다는 뜻으로, 어떤 일에 실속 없이 건성으로만 하는 모양을 이르는 말입니다.

개 머루 먹듯

개가 머루 맛도 모르고 먹어 치우듯 속 내용은 모르고 건성으로 아는 체하거나 일을 차근차근 하지 않고 건성건성 날려서 하는 어리석은 행동을 비꼬는 말입니다.

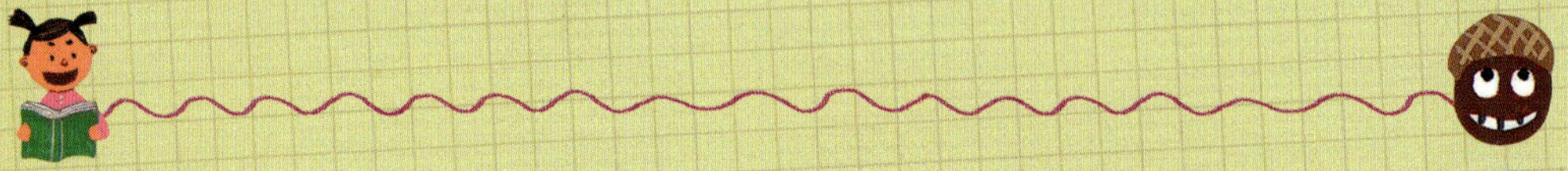

같은 낱말이 들어간 속담

되는 집에는 가지 나무에 수박이 열린다

잘되는 집은 하는 일마다 좋은 결과를 맺는다는 뜻입니다.

수박은 속을 봐야 알고 사람은 지내봐야 안다

수박은 쪼개서 속을 보아야 잘 익었는지 설익었는지 알 수 있고 사람은 함께 지내보아야 속마음이 어떠한지 알 수 있다는 말입니다.

감나무 밑에 누워서 홍시 떨어지기를 기다린다

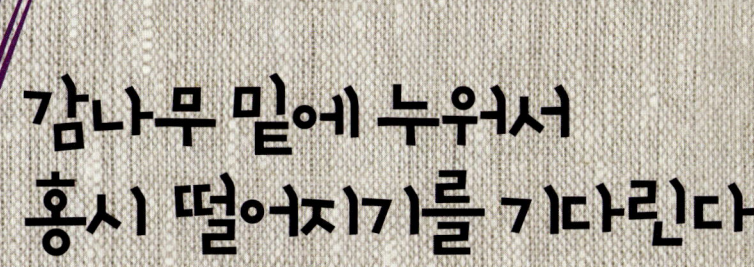

아무런 노력도 하지 않고 좋은 결과를 얻길 바란다는 말.

중국 송나라 때의 정치가 왕안석은 글을 잘 지어 '당송 팔대가(당나라와 송나라를 통틀어 손꼽는 여덟 명의 문장가)' 중 한 사람으로 꼽힙니다. 그는 '상중영(중영이란 사람의 경우를 슬퍼함)'이란 제목으로 글을 써서 끊임없이 배우는 일이 얼마나 중요한지를 강조하였습니다.

강서성 금계현에 방중영이란 아이가 있었습니다. 집안 대대로 농사를 지었기 때문에 중영은 글공부를 한 적이 없었어요. 그런데 다섯 살이 되던 해 어느 날, 중영이 붓과 벼루, 종이를 달라고 하더니 부모님께 효도하고 가족이 서로 합심하자는 내용의 시를 거침없이 썼습니다. 다른 시제를 주어도 척척 문장을 적어 내는데 그 내용과 운율이 기가 막

히게 매끄러웠답니다.

이에 부모님은 물론 동네 사람들도 중영을 신동이라며 입이 마르게 칭찬했고, 현에서는 중영의 아버지에게 큰 상을 내렸습니다. 지방의 권력가들은 중영이 커서 큰 인물이 되면 훗날 도움을 받을 수 있을 거라고 생각하여 미리 후원을 하기도 했지요. 그러자 중영의 아버지는 점점 돈에 욕심이 생겨 여기저기 돌아다니면서 중영의 재주를 보이고 돈을 벌었습니다. 그렇게 오랜 시간 아버지와 함께 밖으로 떠돌다가 공부할

기회를 놓친 중영은 결국 평범한 사람이 되어 버렸지요.

실제로 인간의 뇌에는 수천억 개의 신경 세포가 있는데, 뇌에 적절한 자극을 주면 세포 간에 연결 통로가 새로 생기고 튼튼해져서 정보를 원활하게 주고받습니다. 그러나 반대로 자극을 주지 않고 내버려 두면 통로는 사라집니다. 산속의 오솔길처럼요. 많은 사람들이 자주 다니는 길은 점점 뚜렷해지지만 사람들이 지나다니지 않는 길은 잡초가 무성해지다 결국 없어져 버리는 것과 같지요.

총명함에 관해 둘째 가라면 서러울 아인슈타인 박사도 '나는 똑똑한 것이 아니라 단지 더 오래 연구할 뿐이다.'라고 했어요. 발명왕 에디슨도 '성공은 열심히 노력하며 기다리는 사람에게 찾아온다.'고 했지요. 방중영의 아버지가 타고난 천재성보다 더 위대한 것이 노력과 땀이라는 것을 알았더라면 중영은 큰 인물이 될 수 있었을 겁니다.

방중영의 예처럼 아무리 머리가 좋아도 갈고 닦지 않으면 평범한 사람과 다를 바 없어지는데, 하물며 노력을 하지 않으면서 머리가 좋아지기를 바라는 것은 터무니없지요. **'감나무 밑에 누워서 홍시 떨어지기를 기다린다'**는 말은 이런 사람에게 빗대어 쓰는 속담이에요. 나뭇가지에 달린 홍시를 따 먹기 위해 손을 뻗거나 나무를 흔들어 볼 노력도 하지 않고 그저 요행만 바라는 것이지요. 노력하지 않고 결과가 좋기를 바라는 걸 '도둑놈 심보'라고 합니다. 이와 반대로 노력하는 만큼 결실을 맺는다는 뜻의 속담으로 '공든 탑이 무너지랴'가 있지요. '도둑놈 심보'로 홍시 떨어지기를 기다릴 것이 아니라 '공든 탑이 무너지랴'의 자세로 최선을 다하는 사람이 되어야겠어요.

영양가 챙기기

어렵거나 하기 싫은 일은 누구나 피하고 싶을 거예요. 그러나 안타깝게도 세상은 편하고 쉽게만 살아갈 수 있는 곳이 아닙니다. 끈질긴 노력과 흘린 땀에 비례해서 대가가 돌아오지요. 설사 감나무에서 홍시가 저절로 떨어진다고 해도 나의 작은 입 안으로 들어올 확률이 얼마나 될까요? 지극히 미미할 거예요. 그렇게 미미한 행운을 잡겠다고 시간을 낭비하는 것은 정말 어리석은 짓이에요.

평생 성인으로 존경 받은 테레사 수녀가 말했습니다. "신은 우리가 성공할 것을 요구하지 않는다. 우리가 노력할 것을 요구할 뿐이다."라고요. 노력의 힘을 믿어 보세요.

뜻이 비슷한 속담

거미도 줄을 쳐야 벌레를 잡는다

거미가 벌레를 잡아먹으려면 그 전에 거미줄을 쳐야 하지요. 뭔가 목적을 이루려면 그에 필요한 준비를 해야 한다는 뜻입니다.

게으른 선비 책장 넘기기

게으른 사람이 글 읽기가 싫어서 책장만 뒤지고 있다는 말로 무슨 일이든 부지런히 할 생각은 않고 그 일에서 벗어날 궁리만 한다는 뜻입니다.

같은 낱말이 들어간 속담

감 고장의 인심

감이 많이 열리고 감나무가 많은 고장에서는 누가 감을 따 먹어도 말리는 사람이 없다는 데서 유래한 말입니다. 남에게 넉넉하게 베푸는 순박한 인심을 비유할 때 쓰지요.

감이 재간이다

어떤 감을 쓰느냐에 따라 일의 성공과 실패가 나뉜다는 뜻으로, 재료가 좋으면 일도 잘된다는 뜻입니다.

개밥에 도토리

따돌림을 받아서 무리에 끼지 못하는 사람을 이르는 말.

개가 밥을 먹는 모습을 지켜본 적이 있나요? 요즘은 개에게 전용 사료를 먹이는 경우가 많지만 옛날에는 사람이 먹고 남은 음식을 먹였어요. 개는 식성이 좋아서 주인이 주는 대로 가리지 않고 대체로 잘 먹는데 도토리만큼은 먹지 않고 남겼지요. 텅 빈 개 밥그릇에 도토리만 달랑 남은 것을 상상해 보세요. 도토리 혼자 외롭겠지요? 이렇게 어디에도 끼지 못하고 따돌림을 당하는 외로운 처지를 '**개밥에 도토리**'라고 합니다. '꾸어다 놓은 보릿자루', '낙동강 오리알'이라는 말도 같은 의미이지요.

학교에서도 보면 친구들과 어울리지 못하고 늘 구석자리에 있는 아

이가 있어요. 사실 모든 사람들이 사이좋게 잘 어울릴 수는 없습니다. 어떤 집단이든 겉도는 사람이 있기 마련이지요. 그 사람의 생각이나 행동이 다른 사람들과 다르거나 실제로 성격이 모난 데가 있을지도 몰라요. 하지만 그렇다고 해서 따돌리거나 괴롭히는 것이 정당화될 수는 없어요.

만일 내가 친구들에게 따돌림을 당한다고 생각해 보세요. 얼마나 외롭고 슬플까요? 살면서 우리는 다양한 무리에 속하게 되고, 그 무리에 속한 사람들의 생각이나 취향이 언제나 나와 꼭 같을 수는 없어요. 바꾸어 말하면 나도 언제든지 소수에 속할 수 있다는 뜻이지요.

혹시 주변에 따돌림을 당하는 친구가 있다면 먼저 다가가 손을 내밀어 보세요. 따뜻한 말 한마디가 그 친구에게는 크나큰 위안이 될 거예요.

만약 혼자 힘으로 따돌림 당하는 친구를 도울 수 없다면 주변의 어른들에게 도움을 요청하는 것이 좋습니다. 나만 아니면 된다고 생각하면서 친구의 고통에 무관심하거나, 친구를 괴롭히는 일에 덩달아 가담하는 것은 결코 해서는 안 될 행동입니다.

세상의 어느 누구도 '**개밥에 도토리**' 신세가 되고 싶은 사람은 없습니다. 모두가 조금만 관심을 갖고 서로 배려한다면 더불어 행복한 세상이 될 거예요.

영양가 챙기기

안데르센 동화 《미운 오리 새끼》를 아나요? 다른 형제들과 달리 유독 못생기고 헤엄도 잘 못 치는 오리가 나오지요. 이 오리는 형제들에게 구박 받고 다른 동물들에게도 늘 놀림을 받아요. 결국 무리에서 떨어져 나와 외롭게 지내지요. 그러면서 여러 가지 위험한 일도 겪지만 혼자서도 꿋꿋이 살아갑니다. 그리고 어느 순간 오리가 아닌 아름다운 백조로 성장한 자신을 발견하지요.

혹시 자신이 미운 오리 새끼처럼 느껴지나요? 누구에게나 힘든 시기는 있습니다. 그러나 그 시기를 거치면 더욱 크게 성장하고 발전한 내 모습과 마주할 수 있어요. 미운 오리 새끼처럼 말이지요.

뜻이 비슷한 속담

찬물에 기름 돌듯

기름을 물에 넣으면 섞이지 않고 물 위에 뜨는 것처럼 서로 화합하여 어울리지 아니하고 겉도는 경우를 비유하는 말입니다.

죽으라는 말보다 가라는 말이 더 섧다

집단의 한 구성원으로서 그 자격을 잃게 되거나 모두의 믿음을 잃고 따돌림당하는 것이 아주 고통스럽다는 뜻입니다.

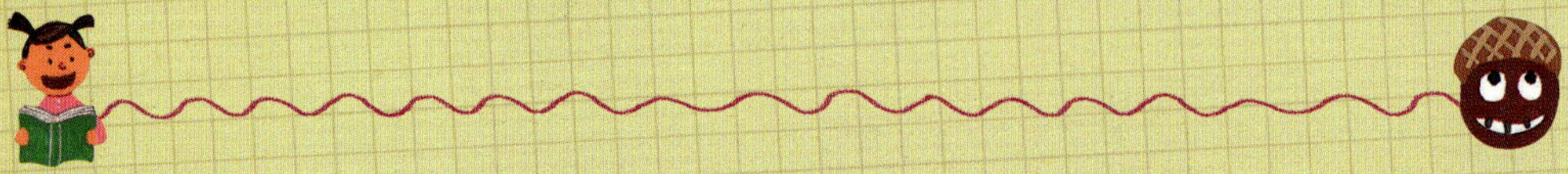

같은 낱말이 들어간 속담

도토리 키 재기

정도나 수준이 고만고만한 사람들끼리 서로 다툰다는 말로, 서로 비슷비슷하여 견주어 볼 필요가 없음을 이릅니다.

가을에 떨어지는 도토리는 먼저 먹는 사람이 임자이다

딱히 주인이 없는 물건은 누구든 먼저 차지하는 사람의 것이 된다는 말입니다.

남의 잔치에 감 놓아라 배 놓아라 한다

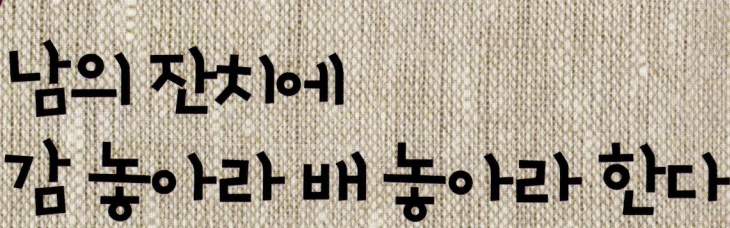

남의 일에 공연히 간섭하고 나선다는 말.

마을에 흥겨운 잔치가 열렸어요. 혼례식이 있어서 온 동네가 떠들썩하게 축하를 하고 있습니다. 맛있는 음식도 만들고 잔칫상도 푸짐하게 차렸네요.

그런데 이렇게 흥겨운 잔칫집에는 꼭 이러쿵저러쿵하며 말을 거드는 사람들이 있습니다. 혼례상에 고기가 빠졌다는 둥, 과일은 앞줄에 놓아야 한다는 둥, 신랑 신부 맞절부터 해야 한다는 둥하며 시시콜콜 참견을 하는 것이지요. 가족이나 친지가 모여 제사를 지낼 때도 그래요. 생선은 이쪽에 놓아야 하는데 왜 저쪽에 놓았느냐, 나물은 왜 두 가지만 준비했느냐는 등 이래라저래라 간섭을 합니다. 이처럼 자기와 상관없는 일에 간섭하고 참견하는 것을 **'남의 잔치에 감 놓아라 배 놓아라 한다'**고 말합니다. 이런 사람에게는 부산 떨지 말고 가만히 있으라는 뜻으로 '굿이나 보고 떡이나 먹지'라는 속담을 쓸 수 있어요. 쓸데없이 남의 일에 간섭하지 말고 일이 되어 가는 형편을 지켜보다가 자기에게 돌아오는 몫이나 챙기라는 뜻이지요.

학교에서도 이런 친구들을 본 적이 있을 거예요. 자기 청소 구역도 아닌데, "왜 여기부터 쓸고 있어? 저기 먼지가 많으니까 저기부터 쓸어.", 남의 반에 가서는 "우리 반은 체육 시간에 피구 시합을 했는데, 너희 반은 왜 안 해? 선생님한테 피구 시합을 하자고 해.", 도서실에서 책을 보고 있는데, "왜 그 책을 봐? 이 책이 더 재미있어. 이 책부터 읽어." 하면서 이것저것 참견하지요.

드라마나 영화를 보면 간간이 바둑을 두는 장면이 나오는데 여기에서도 참견하는 사람들을 볼 수 있습니다. 구경하던 사람이 끼어들어 이렇게 두어라, 저렇게 두어라 하지요. 이것을 '훈수를 들다'라고 합니다. 가벼운 훈수는 재미로 받아들여지기도 하지만, 진지하게 승부를 겨루거나 내기를 하는 자리에서 잘못 훈수를 들다가는 큰 싸움으로 번질 수도 있어요.

좋은 말도 내가 원할 때 들어야 좋고, 충고도 내 마음의 준비가 되었

왜 이런 책을 봐?
아직도 그 책 안 읽었어?
쟤는 늘 남의 잔치에 감 놓아라 배 놓아라야.
피곤해.
넌 만날 잠만 자니? 공부 좀 해.
머리가 너무 지저분해 보여. 묶는 게 좋겠다.
축구하려고? 피구가 더 재미있어. 피구해.
저기부터 쓸어!

을 때 귀에 들어오는 법입니다. 진심 어린 관심과 애정 없이 말로만 하는 참견은 상대방에게 전혀 도움이 되지 않을뿐더러 오히려 기분만 상하게 합니다. 남의 잔치에 감 놓아라 배 놓아라 하면서 쓸데없이 참견하는 행동은 오해를 불러일으키고 미움을 살 뿐이랍니다.

영양가 챙기기

'제 코도 못 닦는 것이 남의 코 닦으려고 한다'는 속담이 있습니다. 남의 일에 간섭 말고 자기 일이나 잘하라는 뜻인데요, 실제로 여기저기 참견하고 다니는 사람이야말로 정작 자신의 일은 제대로 처신을 못하고 다니는 경우가 많아요. 다른 사람 일에 참견하느라 바쁜데 언제 자기 일을 할 것이며, 남 일에 그렇게 시시콜콜 말이 많은 사람이 얼마나 신중하게 일처리를 할 수 있을까요?

괜시리 '오지랖' 넓히지 말고 다른 사람이 도움을 필요로 할 때 보탬이 될 수 있는 믿음직한 사람이 되길 바랍니다.

뜻이 비슷한 속담

내닫기는 주막집 강아지라

어떤 일이 있을 때마다 잘 뛰어들어 참견하는 사람을 비꼬아 하는 말입니다.

서 홉에도 참견 닷 홉에도 참견

서 홉을 되는 데도 많다 적다 하고 다섯 홉을 되는 데도 이러쿵저러쿵 쓸데없이 참견한다는 뜻으로, 부질없이 아무 일에나 참견한다는 의미입니다.

같은 낱말이 들어간 속담

새 잡아 잔치할 것을 소 잡아 잔치한다

어떤 일을 소홀히 했다가 나중에 큰 손해를 입게 됨을 의미하는 말입니다.

잔치 보러 왔다가 초상 본다

기쁜 일이 일어난 뒤에 뜻밖의 안 좋은 일이 생기게 된 것을 이르는 말입니다.

작은 고추가 더 맵다

몸집이 작은 사람이 큰 사람보다 재주가 뛰어나고 야무지다는 말.

고추는 매운맛을 내는 열매입니다. 최근에는 여러 품종이 개발되어 크기도 다양하고 맛도 조금씩 다르지요.

그중에서 크기가 작은 청양고추는 풋고추나 꽈리고추보다 매운맛이 훨씬 강해요. '**작은 고추가 더 맵다**'라는 속담은 이런 맥락에서 이해할 수 있지요.

서양 사람들에 비해 상대적으로 몸집이 작은 우리나라 선수들이 올림픽에서 금메달을 땄을 때, 국토나 인구 수가 비교적 적은 우리나라에서 반기문 국제 연합(UN) 사무총장처럼 세계를 무대로 활약하는 인물이 나왔다고 추켜세울 때, 세계 시장에서 독보적인 위치를 차지하는 우리 제품을 일컬을 때에도 이 속담을 씁니다.

'고추는 작아도 맵다', '대국 고추는 작아도 맵다', '작아도 후추알', '작은 탕관이 이내 뜨거워진다', '후추는 작아도 맵다', '후추는 작아도 진상에만 간다'도 모두 같은 뜻이에요.

실제로 몸집이나 키가 작으면 왠지 힘도 없고 약할 것 같지요. 그래서인지 그런 사람들이 뜻밖에 단단하고 옹골진 면을 보이면 놀라게 돼요.

왜소한 체구 때문에 '녹두'라는 별명을 지녔던 전봉준 장군은 동학 농민 운동을 이끌었습니다. 장군은 가난하고 힘없는 농민들을 괴롭히는 못된 관리들을 혼내 주고 신분에 상관없이 모두가 행복한 세상을 만들고자 했지요.

아르헨티나의 축구 선수, 리오넬 메시도 다른 선수들에 비해 키가 작지만 실력은 매우 뛰어나요. 1억 6천만 년 동안 지구를 지배했던 몸집 큰 공룡은 결국 멸종했지만 공룡들이 살기 전부터 지구상에 번식해 온, 눈에 보이지도 않는 작은 미생물들은 오늘날에도 끈질기게 살아남았습

니다.

'**작은 고추가 더 맵다**'는 속담에서 보듯 외모나 키와 같은 겉모습만으로는 사람을 판단할 수 없어요. 그러니 사람을 볼 때는 선입견을 갖지 말고, 있는 그대로 받아들이고 존중할 줄 아는 태도를 길러야겠어요.

영양가 챙기기

몸집은 작지만 성질이 야무지고 단단하여 빈틈이 없는 사람을 두고 '대추씨 같다'고 합니다. 대추씨가 크기는 작아도 제법 단단하기 때문이지요. 우리 속담에는 이런 의미를 담은 것이 유독 많아요. 겉모양보다 내실을 기하는 것이 훨씬 중요하다는 것을 강조하기 위해서지요. 여러분도 내면을 알차게 다져서 대추씨 같은 사람이 되기를 바라요.

뜻이 비슷한 속담

제비는 작아도 강남을 간다

제비처럼 작은 새도 멀리 강남까지 날아갈 수 있다는 뜻으로 몸집이 작아도 야무지다는 뜻입니다.

거미는 작아도 줄만 잘 친다

크기는 작아도 자기 할 일은 다한다는 뜻으로 사람이 몸집이 작아도 똑똑하고 하는 일이 야무질 때 쓰는 말입니다.

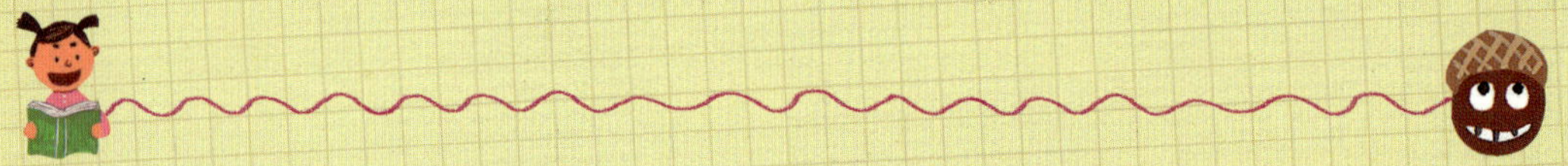

같은 낱말이 들어간 속담

고추 밭에 말 달리기

심술이 매우 고약함을 이르는 말입니다.

눈 어둡다 하더니 다홍 고추만 잘 딴다

눈이 어두워 잘 못 본다고 하면서도 붉게 잘 익은 고추만 골라 가며 잘도 딴다는 뜻으로, 마음이 음흉하고 잇속에 밝은 사람을 비유하는 말입니다.

콩 심은 데 콩 나고 팥 심은 데 팥 난다

모든 일은 근본에 따라 그에 걸맞은 결과가 나타난다는 말.

"우리 딸은 누굴 닮아서 이렇게 똑똑하지?"

"콩 심은 데 콩 나고 팥 심은 데 팥 난다잖아요. 엄마 닮아서 똑똑하지요!"

여러분은 엄마와 아빠 중 누구를 닮았나요? 자식은 누구나 부모 중 한 사람을 쏙 빼닮거나 두 사람을 조금씩 닮기 마련이에요. **'콩 심은 데 콩 나고 팥 심은 데 팥 난다'**는 속담은 "자식이 부모를 닮지 누구를 닮느냐?", "어버이와 아주 딴판인 자식은 있을 수 없다"라는 말과 같은 맥락으로 쓰입니다. '대 끝에서 대가 나고 싸리 끝에서 싸리가 난다', '외 심은 데 콩 나랴?' 등의 속담도 같은 의미이지요.

이 속담은 우리의 생김새나 성격이 부모를 닮을 수밖에 없는 것처럼 '모든 일은 근본에 따라 거기에 알맞은 결과가 나타나는 법'임을 강조할 때 주로 써요. 한마디로 '뿌린 대로 거둔다'는 의미이지요.

공부를 열심히 해야 시험에서 좋은 성적을 기대할 수 있습니다. 꾸준히 달리기 연습을 하고 컨디션을 잘 조절해야 육상 대회에서 순위 안에 들 수 있고요. 지각하지 않고 학교에 가려면 일찍 일어나 학교 갈 준비를 해야 하고, 건강해지려면 끼니를 거르지 않고 열심히 운동을 해야 합니다.

이처럼 만족할 만한 결과를 얻기 위해서는 시간과 노력이 많이 필요해요. 하지만 우리는 때때로 그 사실을 잊어버리곤 하지요. 그러다 보니 해야 할 일은 제대로 안 하고 좋은 성과만을 기대합니다. 조금 해 보고 잘 안 되면 금방 실망하고 포기하거나, 좋지 않은 결과를 남의 탓으로 돌리기도 하지요.

'무쇠도 갈면 바늘 된다'라는 속담을 들어 본 적 있나요? 꾸준히 노력하면 어떤 어려운 일이라도 이룰 수 있다는 뜻으로, 노력을 기울이고 정성을 다한 일은 그 결과가 헛되지 않다는 말이에요. 이처럼 좋은 성

과를 얻기 위해서는 땀 흘리는 과정을 거쳐야만 합니다. 세상에 공짜로 얻을 수 있는 것은 없어요. 콩을 심어야 콩이 나고 팥을 심어야 팥이 나듯이 말이지요.

영양가 챙기기

사과 씨앗을 심어 놓고 배가 열리기를 바라며 앉아 있는 사람을 보면 어떤 생각이 드나요? 어처구니없고 한심하겠지요? 열매는 씨앗의 종류에 따라 열리는 법이에요. 그러니까 애초에 씨앗을 바르게 선택해야 합니다.

여러분은 지금 자신을 위해 무슨 씨앗을 심었나요? 또 그 씨앗을 잘 키우기 위해 어떤 거름을 주고 어떻게 보살피고 있나요? 뛰어난 축구 선수가 될 씨앗, 아름다운 글을 쓰는 작가가 될 씨앗, 멋진 디자이너가 될 씨앗 등 저마다 다른 씨앗을 가슴에 품고 있을 거예요. 반드시 이루어지리라 믿고 자신의 꿈을 소중히 키워 가세요.

뜻이 비슷한 속담

오이 덩굴에 오이 열리고 가지 나무에 가지 열린다

원인에 따라 그에 맞는 결과가 나온다는 의미입니다.

왕대밭에 왕대 난다

어버이와 아주 딴판인 자식은 있을 수 없음을 이르는 말입니다.

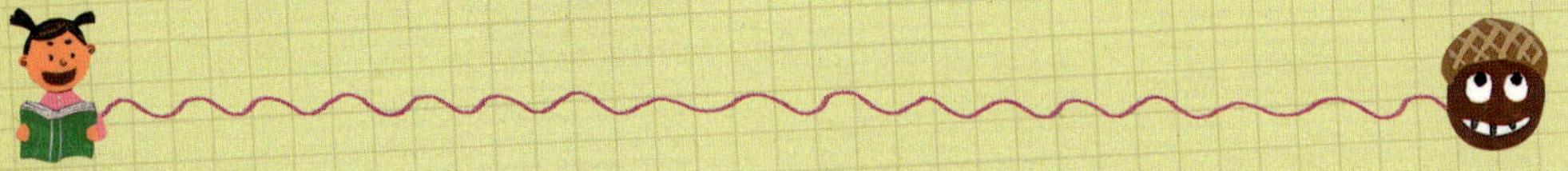

같은 낱말이 들어간 속담

콩도 닷 말 팥도 닷 말

어떤 것을 치우침 없이 공평하게 골고루 나누어 주는 경우를 비유하는 말입니다.

콩 심어라 팥 심어라 한다

대수롭지 않은 일을 가지고 지나칠 정도로 시비를 가려 간섭한다는 뜻입니다.

호박이 넝쿨째로 굴러떨어졌다

뜻밖의 좋은 물건이나 행운을 만났다는 말.

김병규 작가가 쓴 《백 번째 손님》이라는 이야기가 있습니다.

바쁜 점심시간이 끝나고 오후 무렵, 행색이 초라한 할머니와 땟국이 흐르는 꾀죄죄한 남자아이가 한 국밥집에 들어왔습니다. 언뜻 보아도 형편이 무척 어려워 보였지요.

"국밥 한 그릇에 얼마예요?"

국밥 값을 들은 할머니는 꼬깃꼬깃한 돈을 꺼내어 놓고 한 그릇만 주문하였습니다.

"할머니는 안 먹어?"

"할미는 지금 속이 안 좋네. 내 걱정 말고 너나 어여 많이 먹어."

호박이 넝쿨째로
굴러떨어졌네요!
100번째 손님

할머니는 깍두기 한두 개만 먹고는 허겁지겁 국밥을 먹는 손자를 흐뭇하게 바라보았어요. 이 모습을 본 주인은 할머니에게 국밥 한 그릇을 드리며 말하였습니다.

"어이구, 손님. 축하 드립니다. 오늘 저희 집 백 번째 손님이시네요. 저희 가게는 매일 백 번째 손님에게 국밥 한 그릇을 공짜로 드립니다."

"정말이요? 우리가 백 번째 손님이라고요?"

할머니는 어리둥절해했지만 주인의 웃는 얼굴을 보고는 기쁘게 국밥을 먹었습니다. 그리고 며칠이 지나 할머니와 손자가 다시 찾아왔을 때도 국밥을 한 그릇 더 대접했지요.

"허허, **호박이 넝쿨째로 굴러떨어졌네요**. 오늘도 백 번째 손님이십니다."

한 달쯤 지났을까? 주인은 우연히 할머니의 손자가 가게 밖에서 웅크리고 앉아 무언가를 열심히 세는 모습을 보았습니다. 손자는 가게에 손님이 들어올 때마다 돌멩이로 명수를 셌지요.

"일흔 하나,…… 일흔 아홉. 아직도 많이 남았네."

손자는 날이 어두워져도 자리를 뜨지 않았어요. 드디어 백 번째 차례가 되었습니다.

"할머니, 빨리 와요. 우리가 백 번째란 말이야."

손자는 할머니의 손목을 부여잡고 가게에 들어와 말했습니다.

“우리가 백 번째 맞지요? 오늘이 우리 할머니 생일이거든요.”

백 번째 손님에게 주는 공짜 국밥 한 그릇을 할머니에게 양보하고 자신은 아무것도 먹지 않는 손자를 보며 주인과 손님들은 코끝이 찡했습니다. 주방에서 일하는 아주머니가 보다 못해 손자에게도 국밥 한 그릇을 주자고 했습니다.

그러자 주인은 손자를 쳐다보며 대답했어요.

“아니에요, 아주머니. 저 아이는 지금 밥을 먹지 않아도 배가 부른 법

을 배우고 있답니다."

이렇게 있지도 않은 '백 번째 손님의 국밥 한 그릇'이 모두에게 잔잔한 감동과 기쁨을 주었답니다.

*《백 번째 손님》은 김병규 작가의 허락을 받아 수록하였습니다.

영양가 챙기기

'호박이 넝쿨째로 굴러떨어졌다'는 말은 큰 힘을 들이지 않고 우연히 횡재를 하거나 큰 성과를 거둔 경우에 쓰는 속담입니다. '개천 치다 금을 줍는다', '선반에서 떨어진 떡'도 같은 의미이지요.

요즘같이 풍요로운 세상에 국밥 한 그릇이 뭐가 그리 대수냐 싶기도 하겠지만 따뜻한 말 한마디, 물 한 모금이 때로는 누군가에게 소중하고 큰 기쁨이 될 수 있답니다. 배고픈 소년과 할머니에게 국밥 한 그릇은 말로 다 표현하기 어려운 소중한 의미였을 거예요. 여러분도 소소한 곳에서 큰 행복과 의미를 찾아보길 바랍니다.

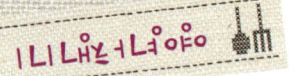

뜻이 비슷한 속담

하늘에서 떨어진 복

뜻밖의 횡재나 행운을 이르는 말입니다.

호박이 떨어져서 장독으로 굴러 들어간다

뜻밖에 이익이 되는 일이 생겨서 그것이 제 주머니 안으로 저절로 들어간다는 뜻입니다.

같은 낱말이 들어간 속담

자라나는 호박에 말뚝 박는다

한창 잘되어 가는 일에 훼방을 놓고 방해하는 심술 사나운 마음이나 행동을 비유하는 말입니다.

호박씨 까서 한입에 털어 넣는다

애써 조금씩 모았다가 한꺼번에 털어 없애는 경우를 이르는 말입니다.

꼭 챙겨 먹자! 과일과 채소

과일은 우리 몸에 꼭 필요한 비타민과 섬유질이 많고 질병을 예방하는 칼륨과 마그네슘 등 몸에 좋은 성분이 다양하게 들어 있습니다. 또한 채소는 70퍼센트 이상이 수분으로 이루어져 있고, 칼슘, 철 등의 무기 염류와 비타민 A, 비타민 C가 풍부한 알칼리성 식품이지요. 과일과 채소에 관련된 속담을 더 알아볼까요?

과일과 채소가 들어간 속담 더!

가을 상추는 문 걸어 잠그고 먹는다
가을 상추는 특별히 맛이 좋음을 이르는 말.

감자 밭에서 바늘 찾는다
아무리 애쓰며 수고해도 찾을 수 없는 경우를 뜻하는 말.

칠 년 간병에 삼 년 묵은 쑥을 찾는다
오랫동안 앓는 이를 간병하다 보면 별 어려운 일도 다 겪게 됨을 이르는 말.

미나리 도리듯 하다
수확이 알차고 풍성함을 비유하는 말.

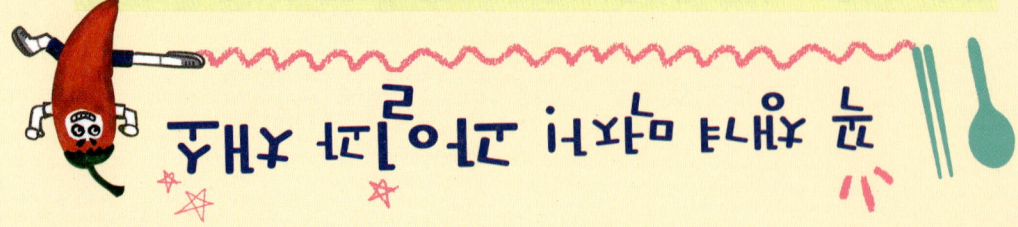

밤송이 우엉 송이 다 끼어 보았다
가시가 난 밤송이나 갈퀴 모양으로 굽은 우엉의 꽃송이에도 끼어 보았다는 뜻으로, 별의별 뼈아프고 고생스러운 일은 다 겪어 보았음을 뜻하는 말.

까마귀 날자 배 떨어진다
아무 관계없이 한 일이 공교롭게도 때가 같아 어떤 관계가 있는 것처럼 의심을 받게 되는 상황을 이르는 말.

오이는 씨가 있어도 도둑은 씨가 없다
도둑질은 조상 대대로 물려받아 하는 것이 아니라는 뜻으로, 마음을 잘못 먹으면 누구나 도둑이 될 수 있다는 말.

달리다 딸기 따 먹듯
음식이 양에 차지 않음을 비유하는 말.

배추 밑에 바람이 들었다
남 보기에 절대로 그럴 것 같지 않은 사람이 못된 짓을 하는 경우를 비유하는 말.

장님 파밭 들어가듯
무엇인지도 모르고 한 일이 그만 일을 망쳐 버리는 경우를 비유하는 말.

진잎죽 먹고 잣죽 트림 한다
아주 거친 음식을 먹고도 잘 먹은 체하느라고 거드름을 부린다는 뜻으로, 실속은 없으면서 겉모양만 그럴듯하게 꾸미는 행동을 이르는 말.

귓구멍에 마늘쪽 박았나
말을 잘 알아듣지 못하는 사람을 핀잔하는 말.

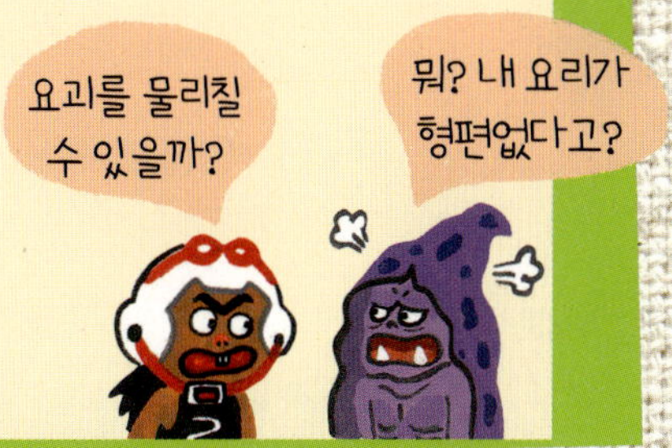

요괴를 물리칠 수 있을까?
뭐? 내 요리가 형편없다고?

과일과 채소에 대해 알아보아요!

과일은 주로 과육, 과즙이 많고 향기가 진하며 단맛이 있는 식물의 열매를 말해요. 식물학에서는 씨방 또는 이와 연관된 기관(꽃)이 자란 것을 과일이라고 하지요. 반면 농업에 관해 연구하는 농학에서는 훨씬 좁은 의미로 '먹을 수 있는 열매를 생산하기 위하여 가꾸는 나무의 열매'를 일컬어요. 이에 따라 먹지 않는 열매나 야생에서 자라는 머루, 다래, 개암 등은 과일에서 제외하지요. 나무의 열매가 아닌 참외, 수박, 딸기도 열매채소로 분류한답니다. 그렇지만 우리가 일상적으로 말하는 '과일'은 농학에서 말하는 과일과 열매채소뿐 아니라 야생에서 자라는 머루, 다래, 복분자(산딸기) 등도 포함합니다.

그런가 하면 채소는 밭에 심어서 가꾸어 먹는 식물이에요. 주로 일년생이라 해마다 심어야 하고, 꽃은 물론 잎, 줄기, 뿌리와 같은 식물의 모든 부분이 채소에 해당하지요. 잎줄기채소, 열매채소, 뿌리채소로 나눌 수 있답니다. 종류별로 간단하게 살펴보면 다음과 같아요.

· 잎줄기채소: 상추, 배추, 쑥갓, 양배추, 갓, 시금치, 셀러리, 파슬리, 양

상추, 머위, 두릅, 죽순, 아스파라거스, 양파, 마늘 등

· 열매채소: 토마토, 가지, 딸기, 참외, 수박, 고추, 피망, 오이, 멜론, 박, 호박, 수세미외, 완두, 강낭콩, 녹두 등

· 뿌리채소: 무, 당근, 감자, 우엉, 연근, 도라지, 고구마, 마, 생강 등

속담 찾아보기

아니!
응!
아니!